AF138792

MEHR ALS EINE LÖSUNG

Theorien, Tools und Tipps

für die Trainingspraxis

IMPRESSUM

Herausgeberin: Trainerei TBW OG
Billrothstraße 53/2/3 | 1190 Wien
info@trainerei.at | **Redaktion:** Peter
Steinberger und Edda Strutzenberger-
Reiter | **Lektorat:** Katharina Fleissner-Rösler
Layout: Tanja Jenni | **Erscheinungsort:** Wien
Herstellung und Verlag: BoD – Books on
Demand, Norderstedt | **Erscheinungsjahr:** 2014

Bibliographische Information der Deutschen
Nationalbibliothek: Die Deutsche Nationalbibliothek verzeichnet diese Publikation in der
Deutschen Nationalbibliografie; detaillierte
bibliografische Daten sind im Internet über
http://dnb.dnb.de abrufbar.

ISBN: 978-3-7386-0333-0

INHALTSVERZEICHNIS

DIE TRAINEREI – ODER WIE WIR TICKEN

Entstehungsgeschichte

Im Folgenden stellen wir uns, also die Trainerei, vor. Dafür erzählen wir unsere Entstehungsgeschichte und geben einen Einblick in unsere Arbeitsstrukturen und -weisen.

Angefangen hat alles mit einer gemeinsamen Ausbildung im universitären Kontext. Der Tutoriumstrainer_innenlehrgang 2002/03 (kurz und im Folgenden TTL 03 genannt) umfasste 24 Studierende aus Wien, Graz und Salzburg aus unterschiedlichen wissenschaftlichen, sozialen, regionalen und auch politischen Richtungen. Während der insgesamt etwas über ein Jahr dauernden Ausbildung lernten wir uns

mit uns selbst, mit verschiedenen Settings und unterschiedlichen Theorien im Trainingskontext auseinanderzusetzen. Wichtig war hier vor allem der Zugang über die themenzentrierte Interaktion, dem wir nach wie vor einen wichtigen Stellenwert in unserem Arbeiten beimessen. Außerdem lernten wir misstrauisch zu sein und nachzufragen: Wenn eine Gruppe sagt, es sei „eh alles ok", dann ist ganz bestimmt irgendetwas im Busch!

Nach dem erfolgreichen Abschluss der Ausbildung wurde bei uns der Wunsch präsent, weiter gemeinsam zu arbeiten und dafür auch eine organisatorische Grundlage zu schaffen. Als neun New-Comer_innen im Trainingsumfeld gründeten wir unter dem Titel „Trainerei – Zentrum für Training, Beratung und Wissenschaft" eine Plattform, auf der wir uns vernetzten und unseren Steckbrief auf einer gemeinsamen Homepage präsentierten. Ein wichtiges Anliegen war uns immer ein intervisorischer Zugang, mithilfe dessen wir uns gemeinsam mit den Themen Training, Beratung und Wissenschaft auseinandersetzten. Diese Grundhaltung ist uns bis heute als Teil unserer Professionalität geblieben.

Wir werden Firma!

Nach ein paar Jahren Bestehen als Plattform und vielen Auseinandersetzungen mit uns selbst und anderen wagten wir 2009 schließlich den nächsten großen Schritt: Wir gründeten eine Firma!

Die Idee dazu kam quasi über Nacht, die Ausführung dauerte um einiges länger. Enorm viele grundsätzliche Überlegungen gingen der Unterschrift am Gesellschaftsvertrag voraus: Grenzen wurden ausgelotet, Grundsätze erarbeitet und heftig diskutiert, wir redeten über unser Kund_innenprofil und unser Aufgabenspektrum, Konsens- und Mehrheitsentscheidungen, Firmenautos und Kaffeemaschinen, Todesfälle, Erbschaften, inhaltliche Schwerpunkte und gemeinsame Grundhaltungen, Erfolgskonzepte,

Renditen, Zinsen und Gewinnverteilungen, Marketingmaterialien und die Logogestaltung. Schließlich nach vielen langen Nachmittagen und Abenden der Diskussion war der Vertrag zur Unterschrift bereit, die Diskussion um den Namen hatten wir ja glücklicherweise schon zwei Jahre vorher erledigt.

> **!**
>
> Die **Themenzentrierte Interaktion (TZI)** ist ein Konzept zur Arbeit mit Gruppen, das Mitte der 50er Jahre von Ruth Cohn entwickelt wurde. Es zielt darauf ab, soziales Lernen und persönliche Entwicklung zu ermöglichen. Wer das Original lesen möchte, dem/der empfiehlt sich: Ruth C. Cohn: „Von der Psychoanalyse zur themenzentrierten Interaktion". Stuttgart 2013.

Nun kennen wir uns seit mehr als zehn Jahren und unsere Schwerpunkte haben sich dementsprechend weiterentwickelt und diversifiziert: Mittlerweile ist die Trainerei eine Firma mit neun Berater_innen und Trainer_innen, die sich in den Bereichen Outdoorpädagogik, Organisationsentwicklung, Projektberatung, Theaterpädagogik, Hochschullehre, Gender, Diversity und Supervision weitergebildet und spezialisiert haben. Aus einer relativ homogenen Gruppe geistes- und sozialwissenschaftlicher Student_innen, die sich in der einen oder anderen Form in der ÖH und dem Tutoriumsprojekt engagierten, wurde eine erfolgreiche Firma mit einem heterogenen Beschäftigungsfeld und diversen methodischen und theoretischen Ansätzen, die aus neun sehr kompetenten und eigenständigen (manche würden sogar behaupten eigensinnigen...), aber auch sehr unterschiedlichen Menschen besteht. Mit diesen Differenzen umzugehen erfordert Mut, Offenheit und die Bereitschaft zur Auseinandersetzung. Ganz im Vertrauen geben wir zu: Manchmal finden wir lange Diskussions- und Aushandlungsprozesse auch recht anstrengend und haben uns nicht nur einmal gewünscht, wir wären unkomplizierter und etwas weniger charakterstark...

Unsere Charakteristika: warum (es trotz) Basisdemokratie funktioniert

9 Chef_innen, die alle wissen, wo es langgeht ...

Die Trainerei hat neun (!) geschäftsführende Gesellschafter_innen. Jede_r von uns ist Chef_in. „Was, und das funktioniert?" Eine oft gehörte Frage, auf die wir – mit einem gewissen Stolz antworten können: „Ja, es funktioniert". Es funktioniert nicht immer völlig reibungslos, aber das tut es mit nur einer Chefin oder einem Chef auch nicht. Basis dafür bildet eine Entscheidungsstruktur, die das Einverständnis von allen braucht, bei der sowohl in Kleingruppen vorgearbeitet werden kann, bzw. bei der

jede_r für sich abwägt, wie wichtig der jeweilige Punkt für sie/ihn ist. Kombiniert mit ein wenig Pragmatismus und gewachsenem Vertrauen in die Kolleg_innen führt das zu Entscheidungen, mit denen alle

!

Trivia

- Die erste Idee für die Gründung der Trainerei entstand am Randstein sitzend nach Mitternacht auf einer Studi-Party.
- „Trainerei" war anfangs nur der Arbeitstitel.
- Zwei von uns sind Kampfsportler_innen.
- Fünf von uns sind in Oberösterreich geboren.
- Der Firmensitz wird „Headquarter" genannt.
- Zu neunt treffen wir uns einmal im Monat, haben kein gemeinsames Büro und schon gar keinen Kopierer.
- Wir finden, dass unser TTL der Beste war.
- Von unseren 9 Nachnamen haben 2/3 den Anfangsbuchstaben mit einem anderen Nachnamen gemeinsam und 2/3 enden mit denselben zwei Buchstaben, 1/3 sogar mit denselben sechs Buchstaben.

glücklich sind oder zumindest gut leben können. Ein weiterer wichtiger Erfolgsfaktor ist das Prinzip der Selbstverantwortung: Wenn mir etwas wichtig ist, dann muss ich mich darum kümmern und kann nicht mein Anliegen anderen umhängen und auf Erledigung hoffen. Diesen Ansatz verfolgen wir übrigens auch in unseren Trainings.

Unsere Entscheidung, miteinander zu arbeiten, fiel auch deswegen, weil wir gewisse Haltungen teilen: So legen wir Wert auf Gerechtigkeit im Allgemeinen und Gendergerechtigkeit im Besonderen, pflegen einen sorgfältigen Umgang mit Diversität und wollen Wertschätzung gegenüber anderen Menschen vermitteln. Gleichzeitig teilen wir einen gewissen Sinn für Humor, sind recht selbstironisch, manchmal ein wenig frech und meistens sehr gesellig. Die Bereitschaft, uns auf andere einzulassen teilen wir ebenso wie die Freude daran, an mehr als einer Lösung und unterschiedlichen Designs zu tüfteln und diese auch in die Realität umzusetzen. Bei all diesen Ähnlichkeiten und unserem Selbstverständnis als Gruppe versuchen wir dennoch, Individualität zu leben und die/den Einzelne_n mit ihren/seinen Eigenheiten ernst zu nehmen.

Im Unterschied zu anderen Organisationen, in denen Menschen mehr oder weniger zufällig miteinander arbeiten, hat unsere Firma familienähnliche Strukturen. Sprich, wir wissen voneinander Dinge, die man in einem anderen Arbeitskontext vielleicht nicht so schnell über (alle) Kolleg_innen erfahrt: Wir wissen, wer wie wohnt, mit welchem Fahrzeug wir uns hauptsächlich fortbewegen, wie unser Beziehungsstatus ist, was uns privat beschäftigt, wer wieviel verdient und was für Hobbies wir haben. Wir haben uns füreinander entschieden und irgendwie hat alles, was wir tun, auch für die anderen Konsequenzen – entweder auf einer privaten oder auf einer beruflichen Ebene. Das erleichtert das gemeinsame Arbeiten nicht immer, macht es aber auch um vieles persönlicher – familiärer eben.

Bei Schwierigkeiten, Hilfe holen!

Entsprechend unserer Überzeugung und bedingt durch unsere berufliche Expertise, wissen wir, dass es hilfreich ist, ab und zu einen Blick von außen auf das Eigene zu werfen. Daher wenden wir uns einmal im Jahr an externe Berater_innen, die uns in unserer Entwicklung und bei speziellen Herausforderungen unterstützen. Ohne diese Unterstützung wären wir heute nicht da, wo wir jetzt sind und wahrscheinlich schon lang nicht mehr zusammen.

Unseren Sinn für Soziales und Geselligkeit leben wir auch im Umgang miteinander: Einmal im Jahr wandern wir einen Tag lang auf unserem Betriebsausflug durch die nähere Umgebung von Wien und auch Weihnachten wird zum Anlass genommen ein gemeinsames Abendessen zu veranstalten, ab und zu sogar mit kleinen Geschenken.

Vom Gefragt werden zum Handeln: Yes, we can!

Wer direkt mit uns in Kontakt treten möchte, kann das bei der viermal im Jahr kostenlos stattfindenden „Rederei" tun. Dort stellen wir abwechselnd Themen zur Diskussion, die uns im Trainings-, Beratungs- oder Wissenschaftskontext gerade beschäftigen. Das kann die Frage sein, welche Verschwörungstheorien hinter „Gender" stecken, wie mich ein „Powercube" unterstützen kann, welche Unterscheidung es jetzt tatsächlich zwischen „Training, Beratung, Coaching und Supervision" gibt oder welche Methoden der Theaterpädagogik das Leben als Trainer_in erleichtern. Abgerundet wird das meist durch das eine oder andere Getränk in informeller Runde. Seit Herbst 2013 bieten wir auch Workshops und Seminare an, zu denen sich jede_r anmelden kann.

Ziel unserer Arbeit ist es, die Handlungsspielräume unserer Kund_innen zu erweitern. Dabei orientieren wir uns daran, was sie brauchen, was sie mitbringen und welche Ressourcen im jeweiligen Umfeld vorhanden sind. Unser Angebot reicht von (Einzel-)Beratungen, über Coaching, hin zu Supervisionen, Wissensvermittlung, Skill-Trainings oder gruppendynamischen Arbeiten. Dabei agieren wir fachkundig und professionell: Das, was wir tun, ist theoretisch fundiert und mittlerweile durch viel Erfahrung erprobt. Ernsthaft, niveauvoll, sensibel, flexibel, professionell, gewürzt mit Selbstironie versuchen wir, den Ansprüchen unserer Kund_innen gerecht zu werden.

Sie freuen sich auf eine Begegnung mit der Trainerei? Wir freuen uns auf eine Begegnung mit Ihnen!

www.trainerei.at
info@trainerei.at

ÜBER DIESEN BAND

Das Buch, das Sie in den Händen halten, ist ein gemeinsames Produkt der Mitglieder der Trainerei. Entsprechend unserem Firmennamen „Trainerei – Training Beratung Wissenschaft" gliedert sich dieser Band in drei Teile. Dies sind die drei Bereiche, in denen wir tätig sind und uns Expertise angeeignet haben.

Mit diesem Buch geben wir Einblick in unseren theoretischen und praktischen Zugang zum Trainieren und Beraten und stecken ein buntes und weites Spektrum ab, wie es Kennzeichen unserer Firma ist: Von Überlegungen wie ein gutes Contracting gestaltet werden kann, über einen theoretischen Einblick in Organisationsberatung bis hin zur Beantwortung der Frage, ob ein hoher Status immer gut ist, finden sich verschiedene Texte in diesem Band. Wir erheben natürlich keinen Anspruch auf Vollständigkeit, würden uns aber freuen, wenn Sie einen Einblick in unsere Tätigkei-

ten und Hintergründe bekommen und dadurch auch besser nachvollziehen können, wie wir arbeiten, wenn wir trainieren oder beraten. Sollten Sie selbst schon länger in der Trainings- und Beratungspraxis stehen, finden Sie hier vielleicht die eine oder andere neue Idee, Anregung oder einen Denkanstoß, den Sie gerne weiterverfolgen möchten! Im ersten Teil, **„Training"** finden Sie theoretische Überlegungen und Modelle zur Trainingspraxis:

Irene Zavarsky stellt hier Keith Johnstones Konzept des „Status" vor. Dieses Konzept stammt ursprünglich aus dem Improvisationstheater: Wenn eine Geschichte spannend sein soll, so ist es wichtig, dass immer eine Person statushöher und eine -niedriger ist. Das heißt, eine Person gibt den Ton an, eine andere folgt. Da Theater das Leben in komprimierter Form ist, kann Status auch auf unser tägliches Handeln übertragen werden.

Irene Zavarsky stellt klar, dass es nicht immer gut ist, über einen „hohen" Status zu verfügen und verdeutlicht das anhand eingängiger Beispiele aus dem alltäglichen Leben.

In seinem Artikel „Power Cube" beschäftigt sich **Peter Steinberger** mit der Frage, ob wir uns als Gesellschaft jahrzehntelang mit dem falschen Fokus beschäftigt hätten und ob es nicht schlauer wäre, wenn wir uns mehr auf unsere Talente und Stärken konzentrieren würden. Aus Sicht der Positiven Psychologie lautet seine Antwort: Ja! Neben einem kurzen Überblick über die wichtigsten Forschungsstränge und Erkenntnisse aus dieser psychologischen Richtung gibt der Autor noch eine praktische Übung mit auf den Weg, die sich leicht in den Alltag übertragen lässt und uns immer wieder in spielerischer Form an unsere Stärken erinnert: den Power Cube. Mehr sei an dieser Stelle nicht verraten, nur dass dieser Würfel so manchen Schreibtisch der Trainerei-Mitglieder ziert.

Anhand eines Fallbeispiels stellt **Gerda Kolb** dar, welche Bedeutung eine Vorbesprechung und genaue Zielklärung im Falle eines Trainings haben. Ein Team, das an einem Arbeitstag Konflikte bearbeiten, Kommunikationsformen besprechen, präsentieren lernen und dazu noch praktische Übungen machen möchte, überfordert mit diesen Wünschen sowohl sich als auch die/den Trainer_in. Dies schon im Vorfeld zu klären, hilft, einen für alle Beteiligten qualitativ hochwertigen und motivierenden Trainingstag durchzuführen. Gerda Kolb zeigt auch auf, dass durch das Zutagekommen der verschiedenen Ziele und Wünsche auch andere Angebote wie Supervision in Anspruch genommen werden können.

Dass Erwartungsklärung und Vorgespräche zwar wichtig sind, sich Ziele und Wünsche der Teilnehmer_innen aber im Verlauf eines Seminars ändern können, zeigt **Markus Zachbauer** wiederum in seinem Beitrag auf. Er geht der Frage nach, wie Trainer_innen es handhaben können, wenn Auftraggeber_innen und Teilnehmer_innen eines Seminars nicht ident sind. Dass hier im Verlauf des Seminars adaptiert und nachjustiert werden muss, stellt er als zentrale Aufgabe von Trainer_innen dar. Der Autor verweist auch darauf, dass in einem ersten Gespräch starke Filter wirken, die verhindern, dass konflikthafte Themen angesprochen werden. Zur Professionalität von Trainer_innen gehört es demnach, sich auf die Spur nach verborgenen und versteckten Themen zu machen und sich auch der Vorläufigkeit von Erstgesprächen bewusst zu sein.

Der zweite Teil des Buchs beschäftigt sich mit **Organisationsentwicklung und Beratungsinstrumenten:**

Clemens Miniberger stellt in seinem Artikel das aus der lösungsfokussierten Therapierichtung kommende Modell des „Reteaming" vor. Zentral ist dabei der Blick auf die Zukunft, die Vision davon, wie eine bessere Situation für alle Teammitglieder aussehen könnte. Dieses Modell wird bei Problemlösung, Teambildung und Bewältigung von Veränderungen eingesetzt und unterstützt Gruppen sich zu reorganisieren und neu zu strukturieren. Neben einer theoretischen Einführung stellt der Autor die zwölf Ablaufschritte von „Reteaming" vor.

Das Konzept der systemischen Organisationsberatung präsentiert **Maria Pimminger** in ihrem Artikel. Ausgehend von einer Untersuchung, die sie im Rahmen ihrer Master-Arbeit zur Frage, wie Beteiligte die Wirkung von Organisationsentwicklung sehen, durchgeführt hat, führt sie vor Augen, dass schon kleine Veränderungen große Wirkung haben können, denn alle Beteiligten erlebten die Schritte in der Organisationsberatung als sehr effektiv und für sie hilfreich. Die (abstrakten) Meta-Ziele von Organisationsentwicklung sind die Steigerung von Humanität und Effektivität. Ein genauer Blick auf die Prinzipien, die es aus Sicht der systemischen Organisationsentwicklung braucht, um diese Ziele zu erreichen, runden ihren Text ab.

Andreas Reiter arbeitet seit einigen Jahren als Supervisor mit Jugendlichen, die wenig Erfahrung mit diesem Setting haben. Seine Tätigkeit in diesem Feld reflektiert er vor dem Hintergrund der thematischen trierten Interaktion und stellt für

ihn wichtige Punkte in dieser Form des Arbeitens vor: Die Verantwortung als Supervisor_in liegt darin, Räume zur Reflexion anzubieten. Diese können aufgrund einer vertrauensvollen Beziehung zwischen Supervisor_in und Klient_innen genutzt werden, wenn auf Freiwilligkeit und Selbstverantwortung geachtet wird. Eine Haltung, die ein Stück Selbstoffenbarung von Seiten der/des Supervisorin/s verlangt, ist dem förderlich. Der Autor weist darauf hin, dass das gerade bei jungen Menschen wichtig ist, da sie dazu tendieren, den/die Supervisor_in – ihrer schulischen Sozialisation folgend – als Lehrer_in wahrzunehmen. Als Supervisor_in geht es eben nicht darum, in einem hierarchischen Gefüge zu stehen, sondern ein spezielles Beziehungsangebot zu machen, so die Konklusio dieses Textes.

Der dritte Teil vervollständigt die Trias aus Training, Beratung und **Wissenschaft**:

Barbara Korb fragt in ihrem Artikel danach, welchen Mehrwert es hat, auch in sogenannten „Fachtrainings" mit Gruppen zu arbeiten. Einen großen, antwortet sie aus lerntheoretischer Perspektive. Dann nämlich, wenn Gruppe als ein interaktiver, von (Kommunikations-) Beziehungen getragener Prozess verstanden wird. Kooperatives Lernen als eine Interaktionsform, die es den beteiligten Personen ermöglicht, gemeinsam und in wechselseitigem Austausch Kenntnisse und Fertigkeiten zu erwerben, erachtet die Autorin daher als grundlegend für ihre Tätigkeit. Lernen begreift sie als soziales Geschehen und Handeln und als aktiven und kommunikationsbasierten Prozess. Das ermöglicht das Einnehmen anderer, bislang fremder Perspektiven im Bezug zum Gelernten, das Herstellen einer Beziehung zu bisher gemachten Erfahrungen und lässt größeren Handlungsspielraum zu. Eine Haltung der Wertschätzung und auf Seiten der Trainer_innen die Aufgabe, eine vertrauensvolle Lernatmosphäre zu schaffen, setzen das voraus.

Den Abschluss dieses Teils bildet eine (organisations)theoretische Auseinandersetzung mit der Frage, ob und wie Vielfalt in Schulen gelebt und wertgeschätzt werden kann. *Edda Strutzenberger-Reiter* geht dem auf Basis ihrer Dissertation nach. Sie stellt dar, dass sich Schulen gegenwärtig in einer Situation der Pluralisierung wiederfinden. Es ist für sie eine der zentralen Herausforderungen, mit Unterschieden und Differenzen, mit der Verschiedenheit der Schüler_innen und Lehrer_innen umzugehen. Gleichzeitig verhindert die Organisationsform von Schule ein verschränkendes Denken und einen aktiven Umgang mit Differenz. Die Pädagogik der Vielfalt in Anschluss an Annedore Prengel präsentiert sie als mögliche Ant-

wort auf diese Herausforderungen, um am Schluss einen Leitfaden für Berater_innen mit beispielhaften Fragestellungen, wie sich Schulen diesem Thema nähern könnten, zur Verfügung zu stellen.

Nachdem wir uns den Bereichen Training, Beratung und Wissenschaft auf Basis unterschiedlicher Perspektiven, Texte und Herangehensweisen genähert haben, bildet eine **Methodensammlung** einen weiteren Teil des Buches. Hier finden Sie unsere Lieblingsmethoden, die Sie gerne adaptieren und weiterentwickeln oder einfach als ideengebend nutzen können. Wir haben diese Methoden in unterschiedlichen Settings angewandt und eingesetzt und hoffen ihnen so auch einen praktischen Einblick in unser Tun zu gewähren.

Auf den letzten Seiten des Buchs finden Sie die Gesichter zu den Namen – die Autor_innen des Bandes und gleichzeitig die Mitglieder der Trainerei stellen sich anhand eines kleinen **Wordraps** vor.

Wir wünschen Ihnen genussvolles und lustvolles Lesen, hoffen, dass wir Ihnen ein paar neue Einsichten gewähren können und freuen uns auf den persönlichen Kontakt mit Ihnen in dem einen oder anderen Kontext oder auch virtuell auf *www.trainerei.at*!

TEIL I

TRAINING

IST HOCH IMMER GUT?

Status im täglichen Leben | Irene Zavarsky

Bevor ich diese Frage beantworte oder Sie sich selbst eine Antwort geben, muss ich zunächst klären, was ich mit Status eigentlich meine. Machen Sie dazu bitte eine kleine Übung:

Wenn es Ihnen möglich ist, stellen Sie sich vor einen Spiegel.

Stellen Sie sich vor, Sie betreten die Kathedrale Notre Dame de Paris, Sie stehen im Versammlungssaal der UNO, im Kolosseum in Rom, auf einer Aussichtsplattform am Rande des Grand Canyon, am Strand des pazifischen Ozeans. Machen Sie kurz die Augen zu, stellen Sie sich an einem dieser Orte oder an allen vor. Nehmen Sie sich Zeit, die Umgebung auf sich wirken zu lassen. Machen Sie nun die Augen auf und betrachten Sie, wie sich Ihre Haltung und Ihr Ausdruck verändert haben. Wie stehen Sie? Wie fühlt sich Ihr Rücken an? Wie fühlen sich Ihre Beine an? Welche Gedanken gehen Ihnen durch den Kopf?

Nun komme Sie zurück in die Gegenwart und reisen Sie an einen anderen Ort.

Sie warten im Vorraum ihres Arztes, Sie zwängen sich durch den eng verwachsenen brasilianischen Amazonasdschungel (Achtung, Spinnen!), Sie müssen über den Schulhof an einer Gruppe Gleichaltriger vorbei, Sie sitzen auf einem niedrigen, knarrenden Sessel vor einer strengen Prüfungskommission. Schließen Sie die Augen und stellen Sie sich in diesen Situationen vor. Nehmen Sie sich wieder Zeit, ihre Umgebung auf sich wirken zu lassen. Machen Sie nun die Augen auf und beobachten Sie, wie diese Orte Ihre Haltung und Ihren Ausdruck verändert haben. Achten Sie wieder auf Ihren Rücken, wie stehen Sie da?

Wie fühlen sich Ihre Beine an? Welche Gedanken sind Ihnen an diesen Orten durch den Kopf gegangen?

Gut. Kommen Sie nun in die Gegenwart zurück.

Ich kann Sie beruhigen: es gibt keine richtigen und keine falschen Empfindungen und vielleicht haben die jeweiligen Orte etwas völlig Unterschiedliches ausgelöst. Und das ist gut so. Viele Menschen fühlen sich an den ersten Orten größer, ruhiger, wichtiger, getragen, langsamer, überheblich, still, Raum nehmend. Die Haltung wird größer, man steht aufrechter, die Arme oft in einer breiten Geste gehalten, die Beine stehen breit und fest am Boden, der Ausdruck wird ruhig und fast königlich, die Gedanken langsam, wichtig und bedeutend. Diese Empfindungen werden eher dem Hochstatus zugeordnet.

In der zweiten Gedankenreise werden viele Menschen kleiner, unsicherer, nervöser, schneller, unruhig, etwas ängstlich, sie fühlen sich beengt, die Haltung wird gedrängter, man nimmt weniger Raum ein, man versucht, möglichst nirgends anzukommen, die Beine sind näher beisammen, oft übereinandergeschlagen, der Ausdruck wird beschwichtigender, die Gedanken oft hektischer, nervöser, sprunghafter. Das sind die Empfindungen des Tiefstatus.

Was aber ist mit Status gemeint? Status ist ein Konzept, das aus dem Improvisationstheater kommt.

Keith Johnstone hat 1960 zum ersten Mal begonnen, mit seinen Schauspielschüler_innen damit zu arbeiten. Um Spannung zu erzeugen und eine Geschichte in Gang zu bringen, ist es wichtig, dass immer eine Person oben ist und eine unten. Eine Person gibt den Ton an, der/die andere folgt. Wenn beide auf gleicher Ebene sind, dann wird es langweilig – das musste Johnstone in der Arbeit mit seinen Theaterschüler_innen bald feststellen. Er stellte ihnen also die Aufgabe, immer kleine Statusunterschiede einzubauen, ein/e Teilnehmer_in war immer ein bisschen weiter oben, als der oder die andere. Und sofort ergaben sich spannende, ganz alltägliche Szenen, denn auch im Leben sind wir nie ganz gleich, wir spielen immer Statusspiele. Und das Theater produziert, was das Leben schon bietet. Nur eben in komprimierter Form.

Erniedrigen und dominieren

Nun ist es natürlich naheliegend, dem Hochstatus nur Positives, dem Tiefstatus nur Negatives zuzuschreiben. Wer ist schon gerne unten? In der Position der Person, die sich selbst erniedrigt oder erniedrigt wird? Die Lösung wäre also: Wir eignen uns die Hochstatusmerkmale an und spielen unser Leben lang Hochstatus und alles ist in Butter. Ja? Nein. So einfach ist das (leider) nicht. Erstens ist Status permanent im Wandel, zweitens ist er situationsabhängig und drittens Verhandlungssache.

Status ist permanent im Wandel

Stellen Sie sich wieder vor, Sie stehen im römischen Kolosseum, fühlen sich wie Cäsar höchstpersönlich und plötzlich werden die Löwen hereingelassen. Oder Sie stehen kurz vor Ihrer Antrittsrede vor der UN Generalversammlung, der Sie gerade gestern Abend noch den letzten Schliff gegeben haben und Ihnen fällt siedend heiß ein, dass die Textkärtchen am Nachtkästchen im Hotelzimmer liegen. So schnell kann aus hoch tief werden. Oder andersrum: Sie gehen über den Schulhof mit einem riesengroßen Hund, der Ihnen aufs Wort gehorcht und kein Kind traut sich auch nur den Mund aufzumachen, geschweige denn Sie zu verspotten: aus tief wird hoch.

Status ist situationsabhängig

Der von uns eingenommene Status hängt immer davon ab, was wir erreichen wollen. Nicht immer ist es der Hochstatus, der tatsächlich zum Ziel führt.

Schmitt und Esser haben das Konzept von Johnstone erweitert und das Statusspektrum um zwei zusätzliche Komponenten ergänzt: Sie beschreiben den inneren (geheimen oder eigentlichen) Status und den äußeren (gezeigten oder gespielten) Status und gehen davon aus, dass wir immer über zwei Status verfügen; den, den wir bei uns selber annehmen und den, den wir nach außen zeigen wollen. Diese beiden müssen nicht unbedingt ident sein (vgl.: Schmitt/Esser 2012, 22ff).

Ein Beispiel – wir stellen uns kurz folgende Situation vor: Ein Mann kommt in ein Geschäft und fragt den Verkäufer nach Aquariumfischen. Wir nehmen dabei die Perspektive des Mannes ein.

Situation eins (innen tief/außen hoch): Der Mann schreibt sich selbst wenig Kompetenz in Bezug auf Fische zu. Äußerlich möchte er aber den Anschein erwecken, sich prima auszukennen. Er verlangt sofort nach einer speziellen Fischsorte, ohne genau über deren Haltung und Fütterung Bescheid zu wissen. Im Laufe des Gesprächs versucht er – womöglich heimlich – herauszubekommen ob das Salz- oder Süßwasserfische sind, ohne jemals eine direkte Frage zu stellen, die seine Unwissenheit offenbaren könnte. Eine herrliche Komödie. Als Szene sicherlich filmreif. Die Fische haben, wenn er gut spielt, auch Chancen, tatsächlich artgerecht gehalten zu werden. Insgesamt ist die gesamte Kaufabwicklung wahrscheinlich eine etwas zähe Angelegenheit.

Situation zwei (innen tief/außen tief): Der Mann schreibt sich wenig Kompetenz in Bezug auf Fische zu und kommuniziert das gleich zu Beginn an den Verkäufer, indem er ihn um Rat fragt. Er bekommt wahrscheinlich, was er will und ist relativ schnell wieder mit seinem Einkauf unterwegs nach Hause. Die Fische haben gute Chancen ein glückliches Leben zu führen. Hier führt der Tiefstatus definitiv schneller zum gewünschten Ziel als der Hochstatus.

Situation drei (innen hoch/außen hoch): Der Mann schreibt sich viel Kompetenz in Bezug auf Fische zu und möchte diese auch gewürdigt wissen. Er verlangt sofort nach einer speziellen Fischsorte und hat keine Beratung vonseiten des Verkäufers nötig. Ist er tatsächlich Experte, wird er zufrieden sein mit seinen Fischen, ist er nur ein eingebildeter Experte, haben die Fische eine 50/50 Chance den Tag zu überleben.

Situation vier (innen hoch/außen tief): Der Mann schreibt sich viel Kompetenz in Bezug auf Fische zu. Dennoch lässt er sich vom Verkäufer beraten. Er wird informierte Fragen stellen und im besten Fall kompetente Auskunft bekommen. Wahrscheinlich ist er zufrieden mit seinem Einkauf und die Fische haben gute Chancen auf ein langes artgerechtes Leben. Auch hier ist also der gespielte Tiefstatus zielführender als der gespielte Hochstatus.

Status ist Verhandlungssache

In jeder sozialen oder strukturellen Interaktion definieren wir kurz unseren Status neu. Immer, wenn zwei Leute miteinander interagieren, verhandeln sie (kürzer oder

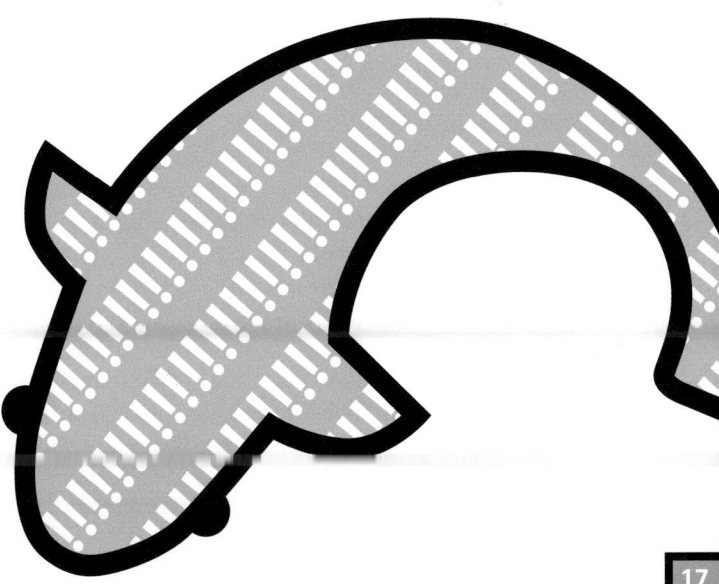

länger) ihren Status. Es ist also nicht nur wichtig, dass ich meinen Status definiere, sondern dass dieser auch von meinem Gegenüber anerkannt wird. Sie kennen vielleicht die lustigen Aufschaukelspiele, wenn zwei Kinder streiten, wessen Papa stärker ist? Hier geht es ganz klar um den Status. Das Spiel endet nur, wenn eines der beiden aufgibt oder man sich einigt, dass ein Papa vielleicht ein klitzekleines bisschen stärker ist als der andere Papa. Erwachsene spielen diese Spiele auch: Es geht dann allerdings nicht mehr um die Muskelmasse eines Elternteils, sondern um Pferdestärken, Lebensweisen, Weltanschauungen oder Einkommensdimensionen. Wenn Pferdestärken bei einer Gruppe Radfahrer_innen nichts zählen, dann wird ein Pferdestärken-Status nicht akzeptiert werden. Subtiler wird die Angelegenheit, wenn die moralische Überlegenheit durch die korrekte Lebensweise ausgespielt wird: „Also ICH kaufe ja nur bio/fahr nur mit dem Rad/ernähre mich ausschließlich vegan (– kann daher nicht schuld sein am Elend der Welt)."

Im Improvisationstheater heißt dieses Phänomen: „den König spielen immer die anderen". Das bedeutet, wenn ich mit der Idee durchs Leben gehe, ein/e König_in zu sein, die Leute, die mir begegnen, aber nicht meiner Idee entsprechend auf mich reagieren, dann wird es mir schwerfallen, meine Royalität durchzusetzen. Ein Beispiel: Wenn Sie vegan leben und Ihre Freund_

innen das bewundern, dann werden Sie Ihre Krone widerspruchslos beanspruchen können. Sie werden zum Thema vegane Lebensweise um Rat gefragt und man wird generell eine hohe Meinung von Ihnen haben. Sitzen Sie mit texanischen Rinderzüchtern oder anderen eingefleischten Fleischesser_innen am Tisch, werden Sie wohl eher keine Krone tragen. Sie werden nicht zum König oder zur Königin hochgespielt werden.

Was heißt das jetzt konkret? Ein Plädoyer für das Annehmen

Richtige Statusexpert_innen können jederzeit und permanent ihren Status den Gegebenheiten und Situationen anpassen und sich auf ihr Gegenüber einstellen. Sie nehmen das an, was die Umstände ihnen bieten und machen das Beste daraus. Blitzschnell wechseln sie z.B. von der kompetenten Käuferin zur ratsuchenden Kundin, sollte die Situation es erfordern. Instinktiv stellen sie sich auf unterschiedliche Hierarchieebenen ein.

Das klingt, als ob man jahrelang dafür trainieren müsste. Das ist gar nicht notwendig. Wir agieren eigentlich die ganze Zeit so und nennen es leben.

Nur eben meistens nicht sehr bewusst. Wir unterdrücken oft Impulse, weil wir uns nicht trauen, mitten in einer Situation unseren Status zu wechseln. Wenn etwas nicht so läuft, wie wir es uns vorstellen, haben wir die Tendenz trotzdem weiterzumachen, anstatt etwas anderes auszuprobieren. Doch mit ein bisschen Mut können Sie das üben! Sie können in Situationen üben, in denen Sie Status als Konzept einsetzen möchten, bewusst damit zu agieren und entsprechend zu handeln. Und dann zu hoffen, dass es auch so funktioniert, wie Sie es sich vorstellen. Denn Garantien gibt es keine. Weder im Theater, noch im richtigen Leben.

Literatur

■ Schmitt, Tom/Esser, Michael: Status Spiele.Frankfurt am Main 2012.

■ Johnstone, Keith: Improvisation und Theater. Berlin 2010.

■ Johnstone, Keith: Theaterspiele. Berlin 2011.

POWERCUBE

Peter Steinberger

Glücklich zu leben, bewegt jeden Menschen. Doch der Weg zum glücklichen Leben steht oft dem glücklichen Leben im Weg. Kann es sein, dass wir uns als Gesellschaft jahrzehntelang mit dem falschen Fokus beschäftigt haben? Bestimmt fällt Ihnen aus dem Stegreif eine ganze Liste an Dingen ein, die Sie nicht können, die Ihnen in der letzten Zeit nicht so gut gelungen sind. Stimmt das?

Keine Frage, wir alle haben Stärken und Schwächen und trotzdem verfolgen wir oft die ungünstige Strategie, uns auf die Korrektur unserer Schwächen zu konzentrieren und dabei ganz auf unsere Stärken zu vergessen. Schließlich sind die ohnehin da und gehen nicht verloren. Erst das Ausmerzen von Schwächen und Fehlern – so vielleicht das strenge Selbstbild dazu – macht uns zu guten Teammitgliedern, guten Mitgliedern der Gesell-schaft und (sogar) zu glücklichen Menschen. So ein Verhalten kann aber leicht in einer Opferhaltung, in Unzufriedenheit und Frustration enden (vgl.: Seligman 2009).

Wäre es nicht besser, sich auf seine natürlichen Talente (Musikalität, Fantasie, körperliche Ausdauer etc.) und auf seine Stärken (Neugierde, praktische Intelligenz, Fleiß, Bescheidenheit, Humor etc.) zu konzentrieren? Sollten wir nicht unsere Aufmerksamkeit verschieben? Weg von der Defizitorientierung und hin zu einer Ressourcenorientierung?

Dazu möchte ich im Folgenden ein paar wissenschaftliche Erkenntnisse der Positiven Psychologie vorstellen und darauf aufbauend eine Methode präsentieren, um diese Ressourcenorientierung im Alltag zu verankern.

Positive Psychologie

Die akademische Psychologie beschäftigt sich ihr ganzes wissenschaftliches Leben lang mit Pathologien und „seelischen Erkrankungen" und das durchaus erfolgreich. Allerdings hat diese Aufmerksamkeitskonzentration einen riesigen blinden Fleck produziert. Vor lauter Gemütszustände behandeln, die das Leben unglücklich machen, wurde ganz darauf vergessen Gemütszustände auf- und auszubauen, die das Leben lebenswert machen. Es geht nicht immer darum, wie wir in unserem Leben von -5 auf -2 kommen und uns ein bisschen weniger unglücklich fühlen, sondern auch (und hoffentlich viel öfter) darum, wie wir von +3 auf +7 kommen.

Die Positive Psychologie, oder auch die „wissenschaftliche Untersuchung des optimalen menschlichen Verhaltens" (vgl.: Ben-Shahar 2007, S. 14), wurde offiziell erst 1998 von Martin Seligman, dem Präsidenten der American Psychological Association, ins Leben gerufen. D.h. nicht, dass sich davor niemand mit dem Thema des guten Lebens auseinandergesetzt hat, aber Seligman begründete erstmals einen wissenschaftlichen Forschungszweig mit institutioneller Unterstützung. Dieser Paradigmenwechsel hat viel verändert.

Ich denke, dass Training und Coaching massiv von den Ergebnissen der Positiven Psychologie profitieren und inspiriert werden.

Eines der Ziele, die sich Martin Seligman gesetzt hatte, war es ein positives Pendant zum DSM (Diagnostic and Statistical Manual of Mental Disorders) bzw. ICD10 (WHO Diagnoseklassifikationssystem) zu schaffen. Also eine „Klassifikation des guten, glücklichen Charakters". Dazu hat sich ein Team durch 3000 Jahre Geistesgeschichte gearbeitet. Von Aristoteles und Plato, über Augustinus, Konfuzius und Buddha bis hin zu Altem Testament, Talmud und Koran.

> „
> *Die Positive Psychologie will zukunftsorientiert, also präventiv arbeiten, und sie will systematisch Kompetenzen entwickeln, statt Schwächen zu korrigieren.*

Das Ergebnis waren sechs universale Tugenden, die sich weltweit immer wieder fanden:

- Weisheit und Wissen
- Mut
- Liebe und Humanität
- Gerechtigkeit
- Mäßigung
- Spiritualität und Transzendenz

Für einen Psychologen sind diese Begriffe viel zu unpräzise – vor allem kaum messbar – deshalb hat man sich in einem weiteren Schritt mit den Faktoren beschäftigt, mit denen wir diese Tugenden erlangen, die sogenannten Stärken des Charakters.

Talente und Stärken

Stärken wie Originalität, Fairness und Freundlichkeit beruhen in aller Regel auf Willenskraft und können auch von einem schwachen Fundament aufgebaut werden. Mit Übung, Ausdauer, guter Unterweisung und Hingabe können sie deutlich verbessert werden.

Zur Verdeutlichung ein Beispiel: Angenommen Sie stehen an der Supermarktkasse und machen den Kassier darauf aufmerksam, dass er Ihnen zu viel Geld herausgegeben hat, so erfordert dies einen Willensakt. Schön, wenn das für Sie selbstverständlich ist und Sie sich dann gut fühlen, das Geld nicht einfach eingesteckt zu haben. Interessanterweise werden Sie aus der Tat jedoch noch mehr Befriedigung ziehen, wenn Sie davor einen innerlichen Konflikt auszufechten hatten und Sie sich dann willentlich dazu entschlossen haben, das Geld zurückzugeben.

Weiters können Stärken, anders als Talente, nicht vergeudet werden. Es hat Sinn zu sagen: „Peter war so ein guter Tennisspieler, aber er hat sein Talent vergeudet". Es hat aber wenig Sinn zu sagen: „Peter war so ein freundlicher Mensch, aber er hat seine Freundlichkeit vergeudet". Bei Stärken hat man die Wahl, wann man sie anwendet und ob man sie ausbaut und überhaupt erwirbt.

Willenskraft, Wahlmöglichkeit, Erlernbarkeit und damit auch Auf-

merksamkeit sind wesentliche Eckpunkte dieses Konzepts. Menschliche Stärken und Tugenden aufzubauen und sie im täglichen Leben einzusetzen ist eine Sache der Entscheidung!

Das klingt nach harter, schwerfälliger Arbeit. Aber mit dem Power Cube, den ich im Anschluss vorstelle, wird das Ganze spielerischer und leichter. Das Schöne daran, wenn jemand Stärken zeigt, ist, dass die Menschen im Umfeld dadurch nicht in den Schatten gestellt werden, eher im Gegenteil. Und dass Zeugen einer Tugendtat oft selbst davon angeregt und inspiriert werden. Denken Sie an ein Champions League Finale oder eine Opernaufführung bei den Salzburger Festspielen. Das nur zusätzlich gesagt, falls Sie noch Motivation brauchen.

Seligman und sein Team konnten den sechs genannten universalen Tugenden insgesamt 24 Stärken zuweisen. Zum Beispiel kann jemand die Tugend der Gerechtigkeit durch Verhalten als gute Bürgerin, durch Fairness, durch Loyalität und Teamwork oder durch humane Führungsverhalten unter Beweis stellen.

Martin Seligman hat mit seinem Team darüber hinaus einen klassischen psychologischen Fragebogen erstellt, der Ihnen hilft, Ihre Stärken besser zu definieren. Sie finden den Fragebogen unter:

www.authentichappiness.org

Obwohl Smartphones meist ausreichend vorhanden sind, macht es speziell in Ausbildungs- und Seminarsettings wenig Sinn, einen so ausführlichen Fragebogen auszufüllen. Deshalb und weil es ja auch Mitmenschen geben soll, die ihre Stärken nicht in einer anonymen Datenauswertung offenbaren wollen, lege ich Ihnen folgende völlig analoge Übung ans Herz.

Erfolgsgeschichte

Am besten Sie suchen sich einen netten Mitmenschen, mit dem Sie eine halbe Stunde Spass haben wollen. Sie können die Übung auch alleine machen – aber achten Sie bitte darauf, wo Sie das Selbstgespräch führen. Nehmen Sie beide ein Blatt Papier und schreiben Sie 3–4 persönliche Stärken auf. Um

!

Die 24 Stärken sind folgende:

Weisheit & Wissen	Neugier, Interesse für die Welt
	Lerneifer
	Urteilskraft, kritisches Denken, geistige Offenheit
	Kreativität, Erfindergeist, praktische Intelligenz
	soziale Intelligenz, emotionale Intelligenz
	Weitblick
Mut	Tapferkeit, Zivilcourage
	Durchhaltekraft, Fleiß, Gewissenhaftigkeit
	Integrität, Ehrlichkeit
Liebe & Humanität	Menschenfreundlichkeit, Großzügigkeit
	Lieben und sich lieben lassen
Gerechtigkeit	Staatsbürgertum, Pflicht, Teamwork, Loyalität
	Fairness, Ausgleich
	Führung, Leadership
Mäßigung	Selbstkontrolle
	Klugheit, Ermessen, Vorsicht
	Bescheidenheit, Demut
Spiritualität & Transzendenz	Schönheitssinn
	Dankbarkeit
	Optimismus, Hoffnung, Zukunftsbezogenheit
	Spiritualität, Glaube, Gefühl für Lebenssinn
	Vergebung
	Humor, spielerische Leichtigkeit
	Begeisterung, Elan, Leidenschaft

diese überhaupt herauszufinden, sind folgende Fragen nützlich:

- Was mache ich am Liebsten?
- In welchen Bereichen lerne ich schnell?
- In welchen Lebens-/Arbeitsbereichen fühle ich mich kompetent?

Ein/e Partner_in beginnt, indem sie/er eine Stärke von ihrer/seiner Liste nennt und eine Geschichte dazu erzählt, die illustriert, wie die Stärke ihr/ihm Erfolg brachte und wie sie sich auf ihr/sein Leben und das Leben anderer positiv auswirkt(e). Achtung, die Geschichte muss nicht die Grundlage für einen Hollywood Blockbuster sein. Dazu kommen wir später. Eine kleine, feine Erzählung reicht aus. Jede Geschichte sollte möglichst detailliert beschreiben:

- Was habe ich getan?
- Wie habe ich mich dabei gefühlt?
- Welche Wirkung hatte mein Handeln?
- Was war daran für mich befriedigend?
- Inwiefern wirkte sich mein Vorgehen auf andere positiv aus?

Die/der Partner_in hört schweigend zu, ohne nachzufragen und zu kommentieren.
Nach der ersten Geschichte erzählt die/der Partner_in seine Geschichte, die eine ihrer/seiner Stärken illustriert. Anschließend wechselt man sich wieder ab.

Wenn Sie es nicht mehr aushalten noch eine positive Geschichte zu hören, gibt es die Möglichkeit nachzufragen und sich abschließend die folgende Frage zu beantworten: In welchem Ausmaß kann ich in meiner derzeitigen Lebens- und Arbeitssituation Gebrauch von meinen Stärken machen?

Power Cube

Bei Übungen wie dieser geht es immer auch um den Transfer in den Alltag. Oft ist das Problem den Schwung vom Seminar auch in den stressigen Arbeitsalltag zu übernehmen. Sonst ist es häufig wie mit Neujahrsvorsätzen. Spätestens am Dreikönigstag lässt die Willenskraft stark nach. Um das zu verhindern bietet sich der Power Cube an. Als Erinnerungsstütze und als Anker im Alltag können Sie sich selbst einen Würfel basteln. Eine Vorlage dafür finden Sie auf Seite 104.

Von einem Würfel kann man immer nur maximal drei Seiten gleichzeitig sehen. Die Zahl 3 ist eine gute Größe. Sie erlaubt eine gewisse Vielfalt (bei 2 hat man immer nur entweder-oder) und sie ist klein genug um überschaubar zu sein. Die Wahl ist dann doch wieder ausreichend eingeschränkt.

In dem Würfelmodell geht es nun darum, die drei sichtbaren Seiten des Würfels mit einer echten Stärke zu besetzen. Schreiben Sie auf jede sichtbare Seite des Würfels eine konkrete Stärke. Diese drei Stärken behalten Sie jetzt im Auge, Sie behalten sie im Kopf, sie sind Ihnen präsent. Der Würfel erinnert Sie immer wieder an Ihre Stärken, die Sie in die Zukunft leiten und Ihnen im Idealfall auch die Angst vor bevorstehenden Herausforderungen nehmen.

Und Sie können den Würfel erweitern. Vielleicht merken Sie mit der Zeit, dass Sie neue Stärken wahrnehmen, oder dass Sie sich gewisse Stärken als Ziel setzen. Dann schreiben Sie diese noch dazu. Sehen werden Sie immer drei Stärken und so können Sie versuchen, diese an dem Tag oder in der nächsten Zeit einzusetzen und einzubringen. Damit bekommt dieser vermeintlich schwere Akt der Willenskraft ein spielerisches Element.

Literatur

- Ben-Shahar, Tal: Glücklicher. München 2007.

- Seligman, Martin E. P.: Der Glücks-Faktor. Bergisch Gladbach 2009.

- Vopel, Klaus W.: Praxis der positiven Psychologie. Salzhausen 2009.

- Lyubomirsky, Sonja: Glücklich sein: Warum Sie es in der Hand haben, zufrieden zu leben. Frankfurt 2008.

DER FAKTOR ZEIT IM TRAINING

Contracting. Ein Fallbeispiel | Gerda Kolb

Zehn Sachbearbeiter_innen – alle Angestellte in zwei unterschiedlichen Abteilungen eines Standortes einer international agierenden Non-Profit-Organisation – wollen sich Zeit nehmen, um ihre Soft Skills zu erweitern. Gewünscht sind neue Erkenntnisse in Kommunikation, Präsentation und Konfliktkompetenz, in Theorie und Praxis. Ihre Vorgesetzten schätzen die Initiative, sich weiterbilden zu wollen und die Vorteile, die dadurch dem Unternehmen zuteilwerden. Die zehn Mitarbeiter_innen bekommen einen Freitag-Arbeitstag, von 8 bis 15 Uhr, dafür zur Verfügung gestellt, ein Weiterbildungsbudget wurde bereits genehmigt.

Eine der zehn Kolleg_innen erklärt sich für die Vorbereitung der Weiterbildung verantwortlich und kontaktiert eine Trainer_in, die ihr von einem Bekannten empfohlen wurde. Beim ersten Telefongespräch schildert sie grob die Erwartungen der Gruppe. Die Trainer_in hat Interesse an dem Auftrag und versichert am Telefon ihre Kompetenz bezüglich der skizzierten Themen und Erwartungen der Gruppe. Bei der Frage nach den Honorarvorstellungen ist rasch klar, dass eine Übereinkunft möglich ist, auch ein Termin für die Weiterbildung ist schnell gefunden. Weitere Details werden auf später verschoben. Die angefragte Trainer_in bittet um zwei Terminvorschläge für eine Vorbesprechung, bei der mindestens vier der zehn Teilnehmer_innen anwesend sein sollten. Etwas verdutzt über diesen Wunsch verspricht die Anruferin sich nach Rücksprache mit den Kolleg_innen umgehend wieder zu melden.

Die Kollegin trägt den Wunsch der Trainer_in zurück in die Gruppe und stößt auf Widerstand. Könne das nicht auch am Telefon geklärt werden? Müssten tatsächlich so viele bei einer Vorbesprechung anwesend sein? Ist das vielleicht eine zu unerfahrene Trainer_in? Soll man nicht doch noch mit einer/m anderen Trainer_in Kontakt aufnehmen?

Die Gruppe einigt sich darauf, mit einem weiteren Anruf zu klären, was genau der Sinn der Vorbesprechung sei und bittet dieselbe Kollegin diese Aufgabe zu übernehmen.

Vorbesprechung – Unsinnige Zeitverschwendung oder wertvolle Arbeitszeit?

Bei der Vorbesprechung geht es um ein erstes Kennenlernen zwischen den Teilnehmer_innen und der Trainer_in und, vielleicht noch wichtiger, um die genaue Abklärung der Erwartungen und Ziele an/für die Weiterbildung. Wenn das erste „Beschnuppern" bereits vor dem eigentlichen Training stattfindet, können mögliche Irritationen und Fantasien vorweg erlebt bzw. ausgeräumt und damit eventuell auftretende Störungen ausgelagert werden.

Wie sieht die Trainer_in aus? Wie spricht sie? Wie tritt sie der Gruppe gegenüber auf? Wirkt sie kompetent? Solche oder ähnliche Fragen stellen sich die Teilnehmer_innen und dementsprechend beschäftigen auch die Trainer_in ähnliche Fragen: Wie verhalten sich die Teilnehmer_innen bzw. ein Teil von ihnen zueinander? Was für eine „Sprache" wird gesprochen? Ist der Umgangston eher formal oder ami-

kal? Wer arbeitet schon wie lange zusammen? Welche formalen Hierarchien gibt es in oder zwischen den beiden Abteilungen? Auch Fragen nach dem Arbeitsklima und möglichen Spannungen lassen sich face-to-face viel einfacher beantworten als mithilfe einer Fragen-Liste, die anstelle einer Vorbesprechung im Vorhinein übermittelt werden könnte. Dabei ist außerdem selten klar, wer die Fragen schriftlich beantwortet hat und in welcher Situation/Stimmung dies geschehen ist. Ein Fragebogen öffnet eventuell sogar mehr Raum für Fantasien über die Teilnehmer_innen, als dass er befriedigende Antworten auf die Fragen gibt. Der für die Anbahnung verantwortlichen Person kann damit gegebenenfalls mehr Macht und Verantwortung auferlegt werden, als zur Zielerreichung hilfreich wäre.

Bei aller Sinnhaftigkeit einer Vorbesprechung bleibt der/dem Trainer_in aber immer noch abzuwägen, unter welchen Rahmenbedingungen sie/er bereit ist, den Auftrag anzunehmen. Sagt sie/er zu, auch wenn partout keine Zeit für eine Vorbesprechung gefunden werden will? Kann sie/er unter diesen Umständen eine zufriedenstellende Weiterbildung anbieten? Steht sie/er unter finanziellem Druck, den Auftrag annehmen zu „müssen"? Kann sie/er so ihren Qualitätsstandards gerecht werden? Will sie/er mit einer Gruppe zusammen arbeiten, die ob des Aufwands über die unerwünschte, aber trotzdem durchgeführte Vorbesprechung mit Ärger und überzogenen Erwartungen ins Training startet? In so einem Fall scheint ein Kompromiss die bessere Lösung zu sein.

Im zweiten Telefongespräch einigen sich Anruferin und Trainer_in über folgenden Ablauf: Die Trainer_in übermittelt via Email eine Fragenliste, die jede_r Teilnehmer_in für sich beantwortet. Die Liste umfasst fünf Fragen zu Erwartungen und Zielen der Weiterbildung, deren Beantwortung maximal eine halbe Stunde in Anspruch nehmen sollte. Außerdem gibt es eine Vorbesprechung mit der Anruferin und einem Kollegen aus der anderen Abteilung, die für eineinhalb Stunden anberaumt ist und zwei Wochen vor dem Training stattfinden wird. So bleibt den beiden genug Zeit, ihre Eindrücke von der Vorbesprechung an die Kolleg_innen zurückzumelden und eventuelle Reaktionen bzw. Änderungswünsche beider Seiten zu deponieren. Die beantworteten Fragen müssen zwei Tage vor der Vorbesprechung bei der Trainer_in eingetroffen sein und dienen als Grundlage für die Zielformulierungen der Weiterbildung.

Diese Vorgehensweise beansprucht für die Teilnehmer_innen etwas weniger Zeit in der Vorbereitung, macht es allerdings unwahrscheinlicher, dass sich die Gruppe bereits im Vorhinein zusammensetzt und gemeinsam Ziele formuliert. Für die Trainer_in erhöht sich der Zeitaufwand, weil sie die Fragen erstellen, dann die unterschiedlichen Antworten auswerten und zu einem Gesamtbild zusammenfügen muss.

Bei der Vorbesprechung präsentiert die Trainer_in, nach einer kurzen Vorstellungsrunde, die Ergebnisse aus den Fragenlisten. Das Spektrum der Erwartungen ist sehr breit, die Teilnehmer_innen möchten theoretische Inputs zu den Themen Kommunikation, Präsentation und Konfliktmanagement und praktische Übungen zu den genannten Aspekten. Der überwiegende Teil der Mitarbeiter_innen einer Abteilung möchte außerdem über schwelende Konflikte in ihrem Team sprechen und idealerweise Lösungsmöglichkeiten dafür finden. Die Erwartung, konkrete Konflikte im Team zum Thema zu

Fragebogen zur Erwartungsklärung

!

Stellen Sie sich vor: Die gemeinsame Weiterbildung mit ihren Kolleg_innen war erfolgreich, sie konnten zufrieden und positiv gestimmt in den nächsten Arbeitstag starten.

- Welche Themen kamen vor?
- Was fanden Sie besonders spannend?
- Was haben Sie gelernt?
- Was wird nun einfacher sein?
- Wie war die Arbeitsatmosphäre?

machen, ist für die beiden anwesenden Kolleg_innen völlig überraschend. Vor allem der Kollege aus der betreffenden Abteilung scheint von dem Umstand unangenehm berührt zu sein.

Möglichst viel in kurzer Zeit

Die Trainer_in macht gleich zu Beginn klar, dass es nicht möglich sein wird, in dem für die Weiterbildung anberaumten Zeitraum von 8 bis 15 Uhr alle Erwartungen zu erfüllen. Der Wunsch über konkrete Konflikte im Team einer Abteilung zu arbeiten, ist in diesem Setting nicht sinnvoll. Gleichzeitig betont sie die große Kompetenz der betreffenden Kolleg_innen, dieses konkrete Ziel zu benennen und externe Moderation für die Lösung der Konflikte in Anspruch nehmen zu wollen. Sie schlägt daher vor, für diese Beratungsleistung einen eigenen Termin für das betreffende Team zu vereinbaren, sollten genügend zeitliche und finanzielle Ressourcen für eine Team-Supervision vorhanden sein. Sie zeigt Bereitschaft als Supervisorin zur Verfügung zu stehen, wäre aber auch bereit kompetente Kolleg_innen für diesen Auftrag zu empfehlen.

Für die verbleibenden Erwartungen schlägt die Trainer_in vor sich beim Weiterbildungstag auf die Themen Kommunikation und Präsentation zu konzentrieren und zu beiden Themen jeweils einen kurzen theoretischen Input vorzubereiten. Die übrige Zeit soll für praktische

Übungen zum Thema Kommunikation genützt werden, und dafür, sich selbst im Präsentieren eines oder mehrerer Themen auszuprobieren. Um den Fokus Konfliktmanagement nicht ganz aussparen zu müssen, bietet die Trainer_in weiters an, für die Gruppe eine kurze vertiefende Literaturliste zusammenzustellen.

Ein Honorar wird vereinbart und die verantwortliche Kollegin stimmt zu, einen vorgeschlagenen Seminarraum für die Weiterbildung anzumieten. Das Honorar und die Kosten für die Seminarraummiete, inklusive benötigter Ausstattung und Pausengetränken, entsprechen dem zur Verfügung stehenden Weiterbildungsbudget. Für die anberaumte Mittagspause wird ein Catering auf Eigenkosten vereinbart, um das sich der anwesende Kollege kümmert.

Die Vorbesprechung endet in zufriedener Atmosphäre, alle Beteiligten haben das Gefühl, möglichst viel bekommen zu haben. Der anfangs peinlich berührte Kollege hat im Laufe des Gespräches seine Sicherheit wiedergefunden und beschließt die Durchführung einer Team-Supervision zu forcieren. Er weiß auch, dass es für solche Fälle ein eigenes Budget im Unternehmen gibt und ist daher zuversichtlich dieses Anliegen umsetzen zu können. Seine Kollegin hat das Gefühl gut verhandelt zu haben und freut sich schon darauf der ganzen Gruppe grünes Licht für die Weiterbildung geben zu können. Sie ist außerdem schon neugierig auf die praktischen Übungen am Weiterbildungstag.

Solides Contracting = Guter Start

Die Trainer_in ist froh, dass alle ihre Vorschläge angenommen wurden. Ihre Strategie bereits im Vorfeld klar zu kommunizieren, dass nicht alle Erwartungen erfüllt werden können, aber gleichzeitig andere Lösungen bzw. Räume für die verbleibenden Wünsche anzubieten, ist aufgegangen. In der Vorbereitung für die Vorbesprechung hatte sie beschlossen das Training nicht anzunehmen, sollte die Gruppe auf die Bearbeitung aller Themen bestehen. Zwar wäre es theoretisch möglich gewesen alles abzuhaken, allerdings nicht in einer Art und Weise, die sie als sinnvoll und qualitativ hochwertig erachtet.

Zwei Wochen später findet das Training statt. Alle Teilnehmer_innen sind motiviert und gespannt auf neue Erkenntnisse und Erlebnisse. Der Weiterbildungstag vergeht wie im Flug. Die Gruppe beschließt sich für die nächste Weiterbildung etwas mehr Zeit zu nehmen.

WER ZAHLT SCHAFFT AN?

Markus Zachbauer

Es gibt verschiedene Gründe, warum eine Organisation ein Seminar für die Mitarbeiter_innen veranstalten will.

In der Regel trifft aber einer der folgenden Gründe zu:

1. An irgendeiner Stelle im System besteht ein gefühltes Defizit. Irgendetwas funktioniert nicht richtig. Findet irgendjemand.

2. Das Seminar dient in irgendeiner Form als Belohnung und wird zum organisationsinternen Incentive. Das gönnt man sich einfach, will Angenehmes mit Nützlichem verbunden wissen und bucht auch gleich ein schickes Seminarhotel in einer Thermen-Region.

Die wenigsten Organisationen planen ihre Seminare „präventiv", also nicht aus einer Notwendigkeit heraus. Das kann natürlich auch vorkommen – manche wissen die routinemäßig abgehaltene Oktober-Klausur durchaus zu schätzen, die ohne sichtbaren Anlass fix einmal im Jahr daherkommt. Allerdings neigen auch solche Veranstaltungen dazu, Probleme zeitlich fast magisch anzuziehen. Konflikte und Dynamiken, die fast das ganze Jahr über innerhalb der klassischen Firmenmeetings oder Ähnlichem, sozusagen auf „Normalniveau" behandelt werden, wandern ab einem gewissen Stichtag auf die To-Do-Liste der anstehenden Firmenklausur, werden vertagt und damit – oft unbewusst – inhaltlich aufgeladen.

So kommt es, dass es praktisch unmöglich ist, auf einem Seminar keine Agenda zu haben. Entweder ein Inhalt/ein Problem stößt eine Veranstaltung an, oder eine Veranstaltung zieht Erwartungen und Inhalte auf sich.

Für einen externen Trainer oder eine externe Trainer_in eine beruhigende Ausgangslage. Es gibt immer etwas zu tun. Nur was?

Was ist das Ziel?

Je klarer die inhaltliche Ausrichtung und Vorgabe einer Veranstaltung ist, umso logischer ergibt sich daraus für die Trainer_innen der Ablauf einer Veranstaltung. Sollen die Mitarbeiter_innen der Buchhaltung den Umgang mit der neuen Software erlernen, so sind sowohl Seminarziel als auch Inhalt und bis zu einem gewissen Maß auch Aufbau, Dauer und Didaktik des Seminares verhältnismäßig klar. Auch die Teilnehmer_innen werden relativ ähnliche Erwartungen haben. Und: Sogar die Auswahl der externen Trainer_innen ergibt sich vielleicht ganz von selbst, weil eine solche Fortbildung möglicherweise gleich mit der neuen Software mitgekauft wurde und der Hersteller die Ausbilder_innen bereitstellt.

Je „softer" die Ziele allerdings sind, umso diffuser auch die Ausrichtung des Seminars. Oft, ja meistens, gibt es gar keine gemeinsamen Ziele, sondern lediglich einen Anlass; und nicht einmal der muss von allen Betroffenen gleich wahrgenommen werden. Sobald es um Veranstaltungen im Bereich Kommunikation, interne Arbeitsabläufe oder zwischenmenschliche Skills geht, zeigt sich oft, dass die Vorstellung davon, was man denn jetzt eigentlich „lernen" sollte, damit sich die

Gesamtsituation verbessern kann (und nicht zuletzt: Wer aus der Gruppe das im Besonderen lernen sollte!), bei den einzelnen Akteur_innen höchst unterschiedlich ist.

Es liegt allerdings auf der Hand, dass ein „erfolgreiches" Seminar ein Ziel braucht, an dem dieser Erfolg spürbar werden kann. In einer sehr luxuriösen Welt könnte man sagen: Wenn sich die Zusammenarbeit, Produktivität, Zufriedenheit im Anschluss an die Veranstaltung nachhaltig bessert, dann war das Seminar wohl ein Erfolg. Im nicht ganz so luxuriösen, richtigen Leben heißt es allerdings: Abgerechnet wird am Schluss. Und der Schluss ist das Ende des Seminars.

Jeder Trainer und jede Trainer_in kennt wohl das Gefühl des „Sie werden's schon noch merken", wenn die Teilnehmer_innen am Ende einer Veranstaltung in einer diffus-enttäuschten Stimmung aus dem Seminar gehen, man selbst aber das Gefühl hat, ihnen wichtige Dinge mit auf den Weg gegeben zu haben, deren „Nutzen" sie nur noch nicht erkannt haben.

Das mag bei Veranstaltungen mit einem starken Fokus auf Persönlichkeitsbildung im einen oder anderen Fall berechtigt sein. In aller Regel ist es aber eine reine Schutzfunktion. Eine Gruppe diffus-enttäuschter Teilnehmer_innen ist und bleibt der beste Indikator dafür, dass das Seminar schlicht und einfach an den Bedürfnissen der Teilnehmer_innen vorbei verlaufen ist.

Das bedeutet allerdings nicht zwingend, dass der eigentliche Auftrag nicht erfüllt wurde. Gar nicht selten geht nämlich auch der bereits an diesen Bedürfnissen vorbei.

Wer erteilt den Auftrag?

Werden externe Trainer_innen für eine Veranstaltung angeheuert, so finden Auftragsklärung und Auftragsvergabe in der Regel nicht mit den späteren Teilnehmer_innen statt, sondern entweder mit einer „Delegation" der Gruppe oder gleich mit einer ihnen übergeordneten Instanz, dem Personalbüro, den Vorgesetzten oder der Geschäftsleitung. Hier bekommt man als Trainer_in dann – je nach Gesprächig- und Geschwätzigkeit der Personen – einen sehr bunten Eindruck davon, warum das Seminar überhaupt stattfinden soll.

Tatsächlich zeigt sich bei diesem Gespräch viel vom Talent der Trainer_innen. Sie müssen nicht nur die richtigen Fragen stellen, sie müssen gleich mehrere Widersprüche aushalten. Was sie an Information bekommen, liegt nämlich hinter einigen mächtigen Filtern. Was sie hören, ist zum einen die Sicht der Dinge der erzählenden Person, eine „Einzelmeinung", zum anderen aber die einzige Sicht der Dinge, die sie vor der Veranstaltung zu hören bekommen werden.

Es gilt also, sie gleichzeitig als Basis aller Konzeption anzusehen und sich dazu bereitzuhalten, dass die gesamte Schilderung möglicherweise am Kern der Sache vorbeigeht. Alles „Wissen" über Anlass, Ziel und Ausgangslage befindet sich somit „in Schwebe".

Dazu kommt, dass in dieser „Erstbegegnung" eine gewisse Skepsis vonseiten der Auftraggeber_innen gegenüber Außenstehenden noch entsprechend groß ist. Wie offen kann man reden? Wie klar interne Probleme, Streitereien und Defizite ansprechen? Diese Aspekte sind noch nicht verhandelt und den Auftraggeber_innen zu diesem Zeitpunkt auch oft noch nicht klar. Im Normalfall bleiben sie daher eher auf der – aus ihrer Sicht – sicheren Seite. Nicht selten ist auch gerade die „Unaussprechlichkeit" der Dinge ein Kern des Problems und der Grund, warum man externe Professionalist_innen heranzieht. Gerade dann wäre es vermessen zu erwarten, dass bei der Auftragsvergabe alle Karten auf den Tisch gelegt werden.

Noch schlimmer: Vor allem wenn der Auftrag von einer den späteren Teilnehmer_innen übergeordneten Instanz vergeben und verhandelt wird, gibt es auch ganz eigene Interessen der Veranstaltung gegenüber, die mit denen der Teilnehmer_innen nicht nur nicht übereinstimmen müssen, sondern ihnen manchmal sogar entgegenstehen können. So etwas muss(!) man als Trainer_in erkennen, und sich dazu auch positionieren. Diesen „geheimen Lehrplan" nimmt man gezwungenermaßen in eine

Veranstaltung mit, alleine dadurch, dass man ihn einmal gehört hat – aber auch damit muss man umgehen können.

Aus allem Gehörten, mitgebrachten Erfahrungen und den – nicht zuletzt und manchmal verhängnisvoll – von der/dem Trainer_in schlicht und einfach unterstellten

Erwartungen ergibt sich ein Bild des Auftrages, das dann in ein erstes Konzept der Veranstaltung übersetzt wird.

Welches Gewicht dieses Konzept hat, hängt infolge vor allem von der Seminardauer ab. Sprechen wir von einer Halbtags-Veranstaltung, dann wird vor Ort kaum noch Zeit für einen Abgleich der Erwartungen der Teilnehmer_innen aufgebracht werden (können). Dauert die Veranstaltung mehrere Tage, so verlangen auch die Teilnehmer_innen erfahrungsgemäß schon von sich aus ganz instinktiv mehr nach Einbeziehung und Rücksichtnahme auf ihre eigenen Bedürfnisse und weniger nach einem fix vorgegebenem Programm.

Für viele ernüchternd zeigt sich allerdings, dass die Teilnehmer_innen – so wie die „Vertragspartner_innen" im Vorfeld – zu Beginn einer Veranstaltung eigentlich mit der Kommunikation ihrer Erwartungen überfordert sind.

Karlheinz Geißler warnt in seinem höchst lesenswerten Buch „Anfangssituationen":

„Werden Erwartungen genannt, besonders solche, die eventuell vom geplanten Kurskonzept abweichen, stehen solche unter einem extremen Begründungsdruck. Die notwendige inhaltliche Begründungsleistung kann aber erst dann erbracht werden, wenn wenigstens eine minimale soziale Orientierung erfahren wurde, wenn keine Ungewissheit mehr über die Folgen von möglichen Abweichungen besteht. Ansonsten richten sich die Aussagen der Teilnehmer bezüglich ihrer Erwartungen vorwiegend an der ‚sozialen Erwünschtbarkeit' (speziell an den phantasierten Wünschen des Dozenten) aus." (Geißler 2005, S. 79).

Im Gegensatz zu den „ursprünglichen" Auftraggeber_innen, die ihre Anforderungen an die Veranstaltung den Trainer_innen gegenüber ja sozusagen von Null an formulieren können, treffen die Teilnehmer_innen bereits auf ein vor-kommuniziertes Produkt. Sie wurden über die Veranstaltung, geringstenfalls über eine Einladung, informiert und haben ein von außen an sie herangetragenes Bild. Sie haben sich schon allein durch ihre Teilnahme (auch wenn sie vielleicht nicht ganz freiwillig ist) zu ihrer Vorstellung vom Inhalt der Veranstaltung bekannt. Es gibt also ein zumindest stilles Commitment zu einem fantasierten Inhalt. Wie sehr dabei die einzelnen Vorstellungen der Teilnehmer_innen auch noch voneinander abweichen, hängt maßgeblich von den ihnen im Vorfeld bereitgestellten Informationen ab.

Ein gar nicht selten gemachter Fehler vonseiten der Organisation: Um bei sehr frei zugänglichen und freiwilligen Veranstaltungen möglichst viele zu einer Teilnahme zu motivieren, wird die Ausschreibung vage und offen gehalten, alles – so wird suggeriert – kann Platz haben. Bei Ankündigungen à la „Wir werden uns mit unseren anstehenden Projekten und internen Abläufen beschäftigen" ist zwar für ziemlich jeden und jede genug Projektionsfläche vorhanden, Enttäuschungen und höchst unterschiedliche Erwartungen sind damit aber auch vorprogrammiert.

Tatsächlich ist im Vorfeld das konkrete Thema oft gar nicht genau auszumachen. Eben weil es unter einer Reihe sichtbarer Probleme „verschüttet" ist. Genau dafür muss aber in – vor allem zeitlich längeren – Seminaren Platz sein: Damit die Teilnehmer_innen sich von oberflächlichen Erwartungen ausgehend zum Kern der Sache vorarbeiten können. Dann kann selbst – und dafür sollte man als Trainer_in gewappnet sein – bei auf den ersten Blick stark technisch ausgelegten Fortbildungen im Lauf der Zeit durchaus das Bedürfnis auftauchen, sich beispielsweise mit den Kommunikationsmustern, die sich innerhalb der Organisation eingeschlichen haben, zu beschäftigen oder auch auf einer persönlichen Ebene Differenzen und Schwierigkeiten zu bearbeiten. Damit so eine Zieländerung (die vielleicht auch nur eine Adaptierung des Weges ist) im Verlauf eines Seminares möglich ist, müssen sich vor allem die Trainer_innen darüber im Klaren sein, dass es mit einer klassischen Erwartungsklärung zu Beginn der Veranstaltung nicht getan ist.

Der Austausch über Erwartetes, bereits Erreichtes, Wichtiges und

Unwichtiges muss während eines Seminars immer wieder möglich sein und stattfinden. Das macht klar, dass die Auftragsklärung keinesfalls mit „Vertragsabschluss" beendet sein kann.

Auftraggeber_innen mögen es nicht gerne hören, aber: Ein Vorgespräch ist sinnvollerweise nicht mehr als eben das. Eine erste Orientierung, ein Abklopfen, ob man den externen Trainer_innen grundsätzlich vertrauen will, ob man das Gefühl hat, sie können geäußerte Erwartungen aufnehmen und umsetzen und ob man ihnen zutraut, die Interessen der Organisation und die möglicherweise davon abweichenden Interessen der einzelnen Teilnehmer_innen on the fly – also während eines sich entwickelnden Seminars – unter einen Hut zu bringen.

Gute Trainer_innen werden den Auftraggeber_innen diese Vorläufigkeit vermitteln können und sagen am Ende der Vorbesprechung „Ich habe alles, was ich brauche." Schlechte sagen: „Alles klar!"

Literatur

■ Geißler, Karlheinz A.: Anfangssituationen. Weinheim und Basel 2005.

TEIL II.

BERATUNG

RETEAMING

als lösungsfokussiertes Teamcoaching

Clemens Miniberger

„Wir haben seinerzeit über die Vorgehensweise ewig lange diskutiert und diese Vorgehensweise beschlossen. Daher machen wir das auch so." – „Ich finde die Zusammenlegung der Abteilungen auch nicht gut, aber die Direktion erwartet das von uns und daher setzen wir das auch erfolgreich um." – „Wir tun eh unser Bestes aber mit diesen Rahmenbedingungen ist halt nicht mehr herauszuholen, da müssen wir durch."

Solche Sätze sind jeder oder jedem vermutlich aus den verschiedensten Kontexten bekannt. Selbst wenn nicht, blickt man nach dem Lesen der einleitenden Sätze dem kommenden Arbeitstag vermutlich eher wenig positiv entgegen. Augen zu und bis zum erwartenden Pensionsantrittsdatum weiterma-chen ist nun einmal keine Lösung. Reteaming ist ein lösungsfokussierter Ansatz, der aus der gleichnamigen Therapierichtung entstanden ist. Dabei werden unter Einbindung aller Teammitglieder Wege gefunden, schrittweise zu einer Verbesserung der vorliegenden Situation zu gelangen, vorhandene Probleme und deren Ursachen werden nicht analysiert. Häufige Einsatzgebiete von Reteaming sind Problemlösung, Teambildung und Bewältigung von Veränderungen. Es unterstützt Gruppen sich zu reorganisieren und neu zu strukturieren, wenn sie eine Situation verändern bzw. verbessern möchten. Typische Situationen sind eine veränderte Organisationsstruktur, neue Arbeitsabläufe oder Zusammensetzungen einer Gruppe oder Abteilung.

Die Grundidee lösungs-
fokussierter Beratung

Lösungsfokussierte Berater_innen stellen Fragen, die einen Fortschritt betreffen, und konzentrieren sich weniger auf die Probleme der Klient_innen. Dabei werden Klient_innen ermutigt Veränderungen bzw. Ziele zu definieren, die einen Fortschritt bedeuten könnten. Wichtig ist dabei auch, bereits vorhandene Anzeichen eines Fortschritts in Richtung dieser Ziele herauszuheben. Ein weiteres wichtiges Element ist das Erkennen von Ressourcen, die sich bei der Zielerreichung als hilfreich erweisen könnten. Die Grundidee des Modells ist, dass bei den Klient_innen, teilweise auch unbewusst, bereits Ideen zur Problemlösung vorhanden sind. Diese versuchen die Berater_innen sichtbar zu machen und die Klient_innen bei der praktischen Umsetzung zu unterstützen (vgl.: Furman/Ahola 2010, S. 7). Weiters kann davon ausgegangen werden, dass es in jedem Team gut funktionierende Verhaltensweisen und Lösungsansätze gibt. Beim lösungsfokussierten Teamcoaching ist daher die Analyse, was beibehalten werden soll, gleichwertig der Analyse, was geändert werden soll (vgl.: Dierolf 2013, S. 25). Wenn bei einer Umstellung, wie zum Beispiel einer Prozessneugestaltung, Schwierigkeiten auftauchen, sind Teams oft versucht sich noch intensiver an den Prozess zu halten, um das Ziel zu erreichen. Dabei wird das Scheitern häufig Teammitgliedern zugeschoben und nicht der Komponente, die nicht funktioniert. „Es sollte nicht länger betrieben werden, was nicht funktioniert". Stattdessen ist es oft einfacher etwas anderes auszuprobieren (vgl.: Dierolf 2013, S. 26).

> *Beim lösungsfokussierten Teamcoaching ist die Analyse, was beibehalten werden soll, gleichwertig der Analyse, was geändert werden soll.*

Wichtig ist, die Anliegen der Klient_innen in den Vordergrund zu stellen, wobei die/der Berater_in keine eigenen Themen an diese heranträgt. Das Coaching endet, wenn die Anliegen der Teammitglieder für alle zufriedenstellend bearbeitet wurden. Aus anderen Theorien stammende Ansätze zu Gruppenphasen und dazugehörendem Leitungsverhalten usw. finden keine Anwendung. Dies bedeutet, dass nicht in Richtung eines für Teams postulierten Idealzustandes, sondern an den Zielvorstellungen der Teammitglieder gearbeitet wird. Eine zentrale, auch zu kommunizierende Grundhaltung für Veränderung ist das Bewusstsein, dass niemand morgens in die Arbeit geht, um einen schlechten Job zu machen – also niemand bewusst Arbeit verschleppt, Kolleg_innen nicht in die Tätigkeit einbindet oder Fehler einbaut. Jede und jeder möchte zum Erfolg beitragen. Es geht darum, nicht nach Lehrbuch-Standards eine Verbesserung herbeizuführen, sondern zu eruieren, wie genau eine verbesserte Situation für das jeweilige Team herbeigeführt werden kann (vgl.: Dierolf 2013, S. 24f).

Ben Furman und Tapani Ahola fassen die Besonderheiten von Reteaming wie folgt zusammen:

1 Reteaming erzeugt Optimismus, selbst demoralisierte Teammitglieder werden durch einen Reteaming-Prozess wieder optimistischer.
2 Aufbau von Motivation, um gesetzte Ziele zu erreichen und Pläne umzusetzen.
3 Erhöhung der eigenen Kreativität. Durch eine Atmosphäre, in der sich Teilnehmer_innen nicht verteidigen müssen, werden das Entstehen neuer Ideen und die Bereitschaft, diese zu teilen, gefördert.
4 Verbesserung der Kooperation. Reteaming setzt darauf, dass Veränderung als kollektiver Prozess angesehen wird. Ziele werden unter Einbeziehung der anderen Teammitglieder und nicht einzeln erreicht. Dabei werden die Beziehungen zwischen den Gruppenmitgliedern vertieft und der Gemeinschaftssinn gestärkt (vgl.: Furman/Ahola 2010, S. 12).

Furman und Ahola haben darüber hinaus eine Methode entwickelt, die in 12 Schritten Gruppen, aber auch Einzelpersonen hilft, Ziele zu setzen, die Motivation zu steigern und die für das Verändern einer Situation benötigte Kooperationsfähigkeit zu verbessern.

Die zwölf Schritte des Reteamings:

1. Beschreiben einer Vision
Der Reteaming-Prozess beginnt mit einem Blick in die Zukunft. Dabei stellt man sich vor, wie es ist, wenn im Privatleben oder in der Arbeit alles positiv läuft. Die Vision in der Zukunft ist der Grundstein für die weiteren Prozess-Schritte.

2. Ziele festlegen
Nun wird eine Reihe von Zielen identifiziert, die für die Verwirklichung dieser Vision hilfreich sein könnten. Damit sind konkrete Punkte wie zu ändernde Dinge, zu erlernende Fähigkeiten oder zu erledigende Aufgaben gemeint. Vor dem nächsten Schritt muss entschieden werden, welches der Ziele erreicht werden soll.

3. Suche nach Unterstützer_innen
Für das Erreichen des Ziels ist die Unterstützung und Hilfe anderer Menschen notwendig. Hier wer-

den alle Personen identifiziert, die in irgendeiner Weise hilfreich sein können. Nun muss noch überlegt werden, wie diese über das Ziel informiert und zum Unterstützen des Projekts eingeladen werden können.

4. Auf den Nutzen schauen

Nach diesen Schritten geht es darum, den Nutzen herauszufinden. Dabei werden alle positiven Auswirkungen gesammelt, die durch das Erreichen des Ziels auf einen selbst und andere, inklusive Unterstützer_innen, entstehen.

5. Auf bisherige Fortschritte achten

Unabhängig vom Ziel ist es sehr unwahrscheinlich, dass nicht bereits zu einem früheren Zeitpunkt Gedanken zu diesem vorhanden waren und dabei erste für Ideen für die Umsetzung entstanden sind. Es wurde also bereits etwas unternommen. An dieser Stelle analysiert man, welche Hinweise für bereits gemachte Fortschritte vorhanden sind.

6. Planen künftiger Fortschritte

Beim Reteaming wird unter einem Fortschritt das Vorankommen Richtung Ziel in kleinen Schritten verstanden. Um sich den Prozess stufenweise vorzustellen wird davon ausgegangen, dass die Dinge gut laufen und das Ziel in einer akzeptablen Zeit erreicht wird. Auf dieser Basis lässt sich eine Folge anschaulicher Bilder und damit eine Serie von kleinen Schritten erzeugen, die zum Ziel führen.

7. Den Herausforderungen stellen

Es ist unwahrscheinlich, dass das Ziel ohne Hindernisse erreicht werden kann. Daher gilt es bei diesem Schritt ein Bewusstsein für die Gründe, warum es schwierig werden könnte, zu entwickeln.

8. Optimismus fördern

Das Erreichen des Ziels erscheint nicht einfach, ist aber deswegen nicht unmöglich. Zur Förderung des Optimismus werden alle verfügbaren Ressourcen und Informationen aufgelistet, die Sicherheit geben, das Ziel zu erreichen.

9. Ein Versprechen abgeben

Die Erfolgschancen steigen, wenn anstelle von Schmieden großer Pläne einfach Entscheidungen über den nächsten Schritt getroffen werden. Diese werden einem „Publikum", also Personen, die helfen möchten oder Mut zusprechen, mitgeteilt. So wird von einem Follow-up zum nächsten immer wieder ein Versprechen gegeben, das zwischenzeitlich für das Erreichen des Ziels unternommen wird.

10. Führen eines Fortschrittbuches

Das Follow-up nimmt beim Reteaming einen zentralen Stellenwert ein. Dabei beobachtet man schwerpunktmäßig den Fortschritt. Rückblickend werden die Projektentwicklung und alle Anzeichen des Fortschritts hervorgehoben und das Hauptaugenmerk auf Erfolgsmomente gelenkt. Um das Vorankommen zu bemerken, ist eine Methode zum Festhalten der Erfolgsschritte notwendig.

11. Vorbereiten auf Rückschläge

Im Laufe der Zeit kann es passieren, dass positive Entwicklungen nicht ganz so eintreffen, wie erwartet. Erfolgsunterstützend sind das Akzeptieren von Rückschlägen und das Entwickeln von Ideen, wie damit umgegangen werden kann, ohne die Motivation zu verlieren.

12. Erfolge feiern und Unterstützer_innen danken

Wenn der Punkt erreicht ist, an dem das Ziel erfolgreich absolviert wurde oder genügend Fortschritte gemacht wurden, um auf das Erreichte stolz zu sein, wird auf den Prozess zurückgeblickt. Dabei wird analysiert, was den Erfolg ermöglicht hat und wer dabei unterstützend gewirkt hat. Dies muss gefeiert werden, den Beteiligten soll gedankt werden (vgl.: Furman/ Ahola 2010, S. 19ff).

Besonders effektiv an dieser Methode ist, dass nicht in der Vergangenheit nach Fehlern gesucht wird, sondern die Berater_innen einen positiven Blick in die Zukunft ermöglichen. Dabei entstehen Visionen und konkrete Handlungsoptionen für die Gruppe. Unterstützer_innen werden gefunden und, ebenfalls für die Motivation von Menschen wichtig, der Nutzen für alle Beteiligten herausgearbeitet. Der Fokus liegt beim Sichtbarmachen von Fortschritten. Durch die Dokumentation der Fortschritte werden diese den Teammitgliedern bewusst gemacht. Trotzdem bleiben die Aspekte der Hindernisse und Rückschläge nicht außer Acht. Jedoch kann sich das gesamte Team darauf besser einstellen und ist in der Lage damit einen guten Umgang zu finden. Vor allem erscheint das Feiern und Danken sehr wichtig. Beides sind Punkte, die gerne im alltäglichen Zusammenarbeiten „vergessen" werden, aber für ein konstruktives Miteinander sehr wichtig sind.

Reteaming setzt vor allem auf kleine Schritte und für die Teammitglieder wird das große Aha-Erlebnis eher ausbleiben. Das besonders Nachhaltige an dieser Methode ist jedoch, dass jeder dieser kleinen Schritte das Gesamtsystem ändert und neue Interaktionen ermöglicht werden. Wenn etwas nicht gut funktioniert, macht man etwas anderes. Die funktionierenden Herangehensweisen sind für alle klarer definiert, diese werden intensiviert und so stellen sich Erfolge ein.

Literatur

- Furman, Ben/Ahola, Tapani: Es ist nie zu spät, erfolgreich zu sein. Ein lösungsfokussiertes Programm für Coaching von Organisationen, Teams und Einzelpersonen. Heidelberg 2010.

- Dierolt, Kirsten: Lösungsfokussiertes Teamcoaching. Nordenstedt 2013.

SYSTEMISCHE ORGANISATIONSENTWICKLUNG

Was macht sie aus und was bringt sie?

Maria Pimminger

„[Es] erscheint […] sinnvoll die organisatorischen Rahmenbedingungen aufzuzeigen, die sich stark auf die Arbeit auswirken und oftmals bei engagierten Mitarbeitern zu Überforderung und Burnout führen. Durch eine Optimierung dieser Strukturen lassen sich […] nicht nur Qualität und Effizienz der Leistungen dieser Einrichtungen verbessern, sondern auch die Arbeitszufriedenheit der Mitarbeiter." (Grossmann/Pellert/Gotwald 1997, S. 25).

Immer wieder betonen Berater_innen, wieviel Verbesserungspotenzial es für Organisationen gäbe, würde man sich Zeit nehmen für eine Reflexionsschleife; um zu überlegen, wie sowohl organisationale Rahmenbedingungen als auch die Zusammenarbeit verbessert werden könnten. Oft würden schon ein wenig Zeit und bemerkenswert einfache Änderungen erstaunliche Verbesserungen bringen.

Doch wie wird die Wirkung von Organisationsentwicklung (OE) von Personen beurteilt, die diese in ihrer Organisation genützt haben? Ein Forschungsprojekt im Rahmen meiner Masterthesis „Über die Implementierung von Organisationsberatung an einer österreichischen Universität. Chancen und Schwierigkeiten" hat sich unter anderem mit der Frage nach dem Nutzen von Organisationsentwicklung an einer österreichischen Universität beschäftigt. Dieser Artikel beschreibt die Zielsetzungen und Prinzipien, nach denen Veränderung durch OE geschieht und fasst die exemplarischen Ergebnisse über deren Nutzen zusammen.

Ziele der OE

Wesentlich für die OE ist ihre doppelte Zielsetzung, d.h. sie verfolgt immer gleichzeitig zwei Ziele, die gleichrangig nebeneinander stehen: die Effektivität und die Humanität der Organisation. Diese sind in jedem OE-Prozess die übergeordneten Meta-Ziele, aus denen im Verlauf des Prozesses die spezifischen Handlungsziele entwickelt werden.

Effektivität und Humanität sind sehr allgemein gehalten und können als Überbegriffe für verschiedene organisationale und personale Ziele betrachtet werden. Zu den organisationalen Zielen zählen etwa Innovationsfähigkeit, Anpassungs- bzw. Lernfähigkeit sowie Effektivitäts- und Effizienzsteigerung. Zu den personalen Zielen gehören die Zufriedenheit der Organisationsmitglieder, Humanisierung der Arbeitswelt, Autonomie der Organisationsmitglieder und deren Selbstverwirklichung. In Anlehnung an das Modell der Themenzentrierten Interaktion lassen sich diese nach der Abbildung systematisieren.

Um diese Ziele zu erreichen, geht OE immer nach bestimmten Prinzipien vor, die den Ansatz der nachhaltigen Veränderung in Organisationen kennzeichnen.

Prozessberatung

OE ist ein Lern- und Entwicklungsprozess der Organisation und ihrer Mitglieder. Die Aufgabe der Organisationsberater_innen ist es nicht, inhaltliche Vorgaben zu machen. Sie sind verantwortlich für die Gestaltung des Prozesses und das Schaffen eines geeigneten Rah-

Ziele der OE im TZI-Dreieck, eigene Darstellung

UMWELTFAKTOREN

Art der Organisation, zeitliche und finanzielle Ressourcen, Alter und Geschlecht der Organisationsmitglieder, Gesetze etc.

ICH –
PERSONALE ZIELE

Verbesserung der persönlichen Situation der Organisationsmitglieder

WIR –
INTERPERSONALE ZIELE

Verbesserung der Kommunikation und Kooperation im Team

mens, in dem die Betroffenen ihre Zielbilder und Lösungswege entwickeln können.

Beteiligung der Betroffen

Die OE ist kein Verfahren, das Lösungen extern erarbeitet und dann der Organisation ‚überstülpt'. Die einzelnen Schritte der Veränderung – Analyse, Planung, Durchführung und Auswertung – werden gemeinsam mit den Betroffenen erarbeitet. Nur so kann es zu akzeptierten Lösungen und nachhaltigen Veränderungen kommen.

Ganzheitliche Perspektive

Jede Organisation wird als komplexes soziales System mit individuellen Gesetzmäßigkeiten und Werten und einer eigenen Geschichte gesehen. Dauerhafte, gelungene Veränderungen können nur erreicht werden, wenn möglichst viele Faktoren, Zusammenhänge und Wechselwirkungen im Spannungsfeld Mensch – Organisation – Umwelt miteinbezogen werden.

Lösungs- und Ressourcenorientierung

Anders als in unserer Kultur oft üblich wird nicht eine ausgedehnte, vergangenheitsorientierte Ursachenanalyse forciert. Im Vordergrund steht die Auseinandersetzung mit den gewünschten Zielen, möglichen Lösungsansätzen und dazu notwendigen nächsten Schritten.

Offene Kommunikation und Information

Offener Informations- und Meinungsaustausch, sowohl in Bezug auf Sachfragen als auch Verhaltens- und Wertfragen, ist ein wesentliches Element eines OE-Prozesses. Die regelmäßige Weitergabe von Ergebnissen, Erfahrungen und Erkenntnissen ist eine wichtige Grundlage, um Transparenz und Vertrauen aufzubauen.

Die Wirkung von OE – Ergebnisse einer Evaluierungsstudie

An einer österreichischen Universität wurde im Jahr 2010 die Möglichkeit der Wahrnehmung von OE-Maßnahmen auf Abteilungsebene eingeführt, mit dem Fokus, die Kommunikation und Zusammenarbeit zu reflektieren und zu verbessern. Die Inanspruchnahme war freiwillig. Die zuständige Abteilung informierte über die verschiedenen Möglichkeiten, beriet bei der Entscheidung und übernahm auch die Administration. Zumeist entscheiden sich die Abteilungen nicht für längere Prozesse, sondern für einmalige, 1-2tägige, extern moderierte Workshops. Das eingangs genannte Forschungsprojekt, das nach den Methoden der Aktionsforschung durchgeführt wurde, ging unter anderem der Frage nach, wie Beteiligte die Wirkung und Sinnhaftigkeit dieser OE-Maßnahmen bewerten. Dafür wurden Evaluierungsinterviews mit Teilnehmer_innen von vier dieser Maßnahmen geführt. Zum Zeitpunkt der Interviews bestand dieses Angebot vonseiten der Universität etwa ein Jahr und war zuvor von vier Abteilungen in Anspruch genommen worden.

Auffällig war, dass es in jeder Abteilung, die den Entschluss fasste, eine OE-Maßnahme in Anspruch zu nehmen, eine/n Mitarbeiter_in gab, die/der damit schon Erfahrung hatte. Externe Beratung kam also nur zustande, wenn bereits in irgendeiner Form – meist in organisationsexternen Arbeitszusammenhängen – Erfahrung mit OE-Maßnahmen vorlag.

Gründe für die Entscheidung, auf OE zurückzugreifen, waren in der untersuchten Stichprobe zweimal latente Konfliktsituationen im Team, einmal der Wunsch, sich *„besser kennen[zu]lernen, wissen wer wo steht, abseits von normalen Meetings."* (Interview) und einmal die Übernahme einer neuen Abteilung sowie der Wunsch, diesen Übergang gut zu gestalten. Meist wurde schon länger nach einer geeigneten Bearbeitungsmöglichkeit gesucht, es fehlte aber jeweils eine konkrete Idee sowie die Zeit, etwas zu organisieren. Die Information über das Angebot war somit der letzte Anstoß, tatsächlich „etwas zu tun".

Die Frage nach dem Nutzen, den die OE-Maßnahme ihnen und ihrer Abteilung gebracht hätte, konnten alle befragten Personen sehr schnell und klar beantworten:

„Die gegenseitige Sensibilität wurde gefördert, man bekommt mehr Aufmerksamkeit und Verantwortung für gemeinsame Arbeitsprozesse. [...] Die Optimierung der Zusammenarbeit, Dinge thematisieren können, organisatorische Bedürfnisse äußern können. [...] Es wurde bewusst, warum Dinge wie laufen."

Prinzipien der OE

- Prozessberatung
- Beteiligung der Betroffenen
- Ganzheitliche Perspektive
- Lösungs- und Ressourcenorientierung
- Offene Kommunikation und Information

„Wir haben einiges umgesetzt. Aber es kommt schon auch sehr schnell wieder der Alltag. [...] Aber einfach sich besser kennenlernen. Mal Dinge aussprechen, auf die man sonst nie kommen würde. [...] Ich hab mal viel mitbekommen, was ich [Leiter_in, Anm.] sonst nicht höre. Meine Mitarbeiter sind das nicht gewohnt, dass ich da dabei war."

„Es hat auf jeden Fall die Reflexionsfähigkeit erhöht. [...] die Sicherheit, dass man Sachen auf den Tisch legen kann, egal was es ist, und dass das Team das aushält."

Die Rückmeldungen direkt nach den Beratungstagen waren uneingeschränkt sehr positiv überrascht und begeistert. Es wurde jeweils betont, wie sinnvoll und hilfreich es ist, Arbeitsabläufe auch einmal abseits von Tagesstress und Routine zu beleuchten und kritisch zu hinterfragen. Die Teams fühlten sich gestärkt, neu motiviert und die interne Kommunikation lief besser.

Die Frage, ob der aufgezeigte Weg ihrer Meinung nach ein sinnvolles Herangehen sei, um die Kommunikation in den Abteilungen positiv zu verändern und Konflikte zu bearbeiten oder zu lösen, beantworteten alle Befragten mit einem klaren, entschiedenen Ja.

Die Inanspruchnahme einer OE-Maßnahme rückte bei allen im Zuge des Projekts interviewten Personen eine wesentliche und unerwartete Erkenntnis ins Bewusstsein, nämlich dass etwas in der Abteilung nicht optimal funktioniert: „Und es glaubt ja auch jeder, dass es sowieso funktioniert. Das merkt man ja erst wenn man so was gemacht hat, oder wenn mal offener geredet wird, dass es doch nicht so funktioniert. […] Wenn man keinen Vergleich hat weiß man ja nicht, dass es besser gehen könnte."

Gerade für Leiter_innen kann es schwierig sein, von Problemen im Team zu erfahren, weil oftmals nur positives Feedback nach oben weiter gegeben wird und man so im Glauben bleibt, dass alles bestens funktioniert. „Das hab ich schon gelernt daraus, da war ich auch wirklich erstaunt. Ich dachte, ich bin eh immer da, und es kann eh immer jeder zu mir kommen. Aber das stimmt einfach nicht."

Um sich beraten zu lassen braucht es also erst das Bewusstsein für potentielle Probleme oder Konflikte, dafür, dass es „besser laufen" könnte. Und dazu das Wissen – oder zumindest die Ahnung, dass gut funktionierende Teams nicht selbstverständlich sind, sondern Zusammenarbeit aktiv gestaltet werden kann.

Ausgehend davon, dass jene Abteilungen, die das Angebot in Anspruch nahmen, dafür bereits sensibilisiert waren und der Tatsache, dass sie trotzdem vom sichtbar gewordenen Verbesserungspotential sehr überrascht waren, lässt sich mutmaßen wieviel an Verbesserungspotenzial in Organisationen brach liegt, das schon durch relativ kurze OE-Maßnahmen gehoben werden könnte.

Literatur

- Grossmann, Ralph/Pellert, Ada/ Gotwald, Viktor: Krankenhaus, Schule, Universität: Charakteristika und Optimierungspotentiale. In: Grossmann, Ralph (Hrsg.): Besser, billiger, mehr: Zur Reform der Expertenorganisationen Krankenhaus, Schule, Universität. Wien 1997, 24–35.

- Pimminger, Maria: Über die Implementierung von Organisationsberatung an einer österreichischen Universität. Chancen und Schwierigkeiten, Univ. Masterthesis, Wien 2010.

- Pimminger, Maria: Lernen in der Organisationsentwicklung. Über den Beitrag der Pädagogik zum Wandel in Organisationen. Univ. Dipl.-Arb., Wien 2005.

BEZIEHUNGSAUFBAU AM BEGINN EINES SUPERVISIONSPROZESSES

Andreas Reiter

Unter Supervision verstehe ich eine bestimmte Art von Beziehung zwischen einem/einer Berater_in und Klient_innen. In diesem Text stelle ich dar, welche konkreten Schritte ich setze, um Menschen, die noch keine bzw. kaum Erfahrungen mit Beratungs- und Trainingssettings im Allgemeinen und Supervision im Speziellen besitzen, an diese heranzuführen.

Als Erfahrungshorizont dienen mir Seminare, welche ich für junge Erwachsene im Alter zwischen 17 und 23 Jahren abhalte. Diese Seminare sind Teil eines Begleitcurriculums für Freiwillige, die ein Jahr lang Arbeit in sozialen Einrichtungen in Österreich verrichten. Meine Aufgabe ist es, eine Gruppe von rund zwölf Teilnehmenden durch dieses Jahr supervisorisch zu begleiten. Den Anfang dieser Begleitung bildet ein als „Selbsterfahrung" betiteltes Seminar, darauf folgen mehrere Supervisionstage während des Jahres, sowie ein Abschlusstag. Von Seiten der Auftraggeber_innen gibt es kaum inhaltliche Vorgaben und so bot sich mir die Chance, mein eigenes Design zu entwickeln, welches ich über die Jahre immer stärker verfeinert habe. Das Design, welches ich im Folgenden darlege, ist für Gruppen konzipiert, deren Teilnehmer_innen sich noch wenig bis kaum kennen.

Ich bin der Meinung, dass gerade der Beginn eines Seminars oder einer Supervision von großer Bedeutung ist. Daher möchte ich mir hier die Zeit nehmen, dieser Phase besondere Aufmerksamkeit zu schenken. Am Beginn werden die Grundlagen für die (Arbeits-)Beziehungen zwischen den Teilnehmer_innen untereinander sowie zur Leitung gelegt und etabliert, welche prägend für die zukünftige Zusammenarbeit sind. So kann die Leitung hier als streng oder chaotisch, autoritär oder empathisch, Struktur gebend oder inhaltsorientiert, freundschaftlich oder distanziert, prozessorientiert oder einem vorgegebenen Plan folgend usw. wahrgenommen werden. Je nach Wahrnehmung der Rolle wird von den Teilnehmenden unterschiedlich auf diese reagiert. Gerade Personen, die wenig oder keine Erfahrung mit (unterschiedlichen) Trainings oder Beratungssettings haben – vor allem wenn es sich um junge Menschen handelt –, tendieren dazu, Leitung in jenes Schema einzuordnen, welches uns allen sehr vertraut ist – die Schule. Im System Schule könnte man das Beziehungsangebot der Leitung folgendermaßen zusammenfassen: Sie besitzt und vermittelt Wissen und bewertet die gemachten Fortschritte. In der Rolle als Trainer eines Selbsterfahrungsseminars beziehungsweise als systemischer Supervisor ist es mir im Gegensatz dazu wichtig, folgendes Beziehungsangebot zu geben: Ich bin für die Struktur verantwortlich und eröffne Räume zur Reflexion, die Verantwortung für die Inhalte allerdings liegt in starkem Maße bei den Teilnehmer_innen selbst. Gleichzeitig lege ich großen Wert darauf zu vermitteln, dass sich vor allem soziale Handlungen nicht nach dem Schema richtig oder falsch kategorisieren lassen, sondern

eher im Sinne von erwünschten oder unerwünschten Wirkungen. Da sich dieses Beziehungsangebot deutlich von jenem der Schule unterscheidet, liegt mein Augenmerk zu Beginn vor allem darauf zu vermitteln: Ich bin nicht euer Lehrer. Die meisten Menschen haben schon ganz spezifische, oft eingefahrene Interaktionsmuster im Umgang mit dem System Schule entwickelt, wie etwa der/die Streber_in, der/die Problemschüler_in etc. Ein bewusstes Abkehren von diesem Setting bedeutet, den Teilnehmenden eine Handlungserweiterung zu ermöglichen. Da sich aber Beziehungen meiner Meinung nach viel eher durch Handlungen als durch verbale Klärung vollziehen, also eher durch ein Erleben statt durch ein Regeln, liegt mein Fokus hier besonders auf dem Design. Ich verstehe jede Moderation, Übung oder Intervention gleichzeitig auch als ein Beziehungsangebot zwischen Leitung und Gruppe, aber auch zwischen den Teilnehmer_innen untereinander. Die Gestaltung des Arbeitsraums ist ebenso als Einladung für spezifische Interaktionen zu verstehen. Ein Sesselkreis mit Pinnwand und Flipchart fördert ganz andere Bezugnahmen aufeinander als zum Beispiel ein Klassenzimmer, ein Hörsaal oder eine Wirtsstube.

Zu Beginn meiner Arbeit mit den Teilnehmer_Innen lege ich den Fokus vor allem auf drei Dinge: einerseits möchte ich ein gutes Ankommen in der Gruppe ermöglichen und Raum für ein ausführliches

Kennenlernen untereinander bieten. Andererseits lege ich großen Wert darauf, eine Atmosphäre zu vermitteln, in der sich die Teilnehmenden als verantwortlich für die in den Seminaren zu bearbeitenden Inhalte fühlen. Meistens orientieren sich meine Designs am Beginn eines Seminars oder einer Supervision an dem Modell der themenzentrierten Interaktion (TZI) von Ruth Cohn. Cohn benennt in diesem Modell drei Ebenen, die in der Arbeit mit Gruppen, gleichberech-

> **!**
>
> *Jede Moderation, Übung oder Intervention ist gleichzeitig auch ein Beziehungsangebot zwischen Leitung und Gruppe, aber auch für die Teilnehmer_innen untereinander.*

tigt zu beachten seien: die individuelle Ebene, die Ebene der Gruppe sowie die inhaltliche Ebene (vgl.: Cohn 2013, S. 113f). So mache ich es den Teilnehmer_innen durch eine kurze Namens- und Vorstellrunde möglich, sich der Gruppe individuell vorzustellen. Als zweiten Schritt wähle ich Methoden, die dazu beitragen, sich in kleineren Gruppen miteinander auszutauschen. Hiermit verfolge ich zwei Ziele: Inhaltlich erreiche ich durch die von mir vorgegebenen Themen des Austausches, dass sich den Personen einerseits die Gelegenheit bietet, sich über die Dinge des Alltags, welche ihnen noch durch den Kopf schwirren, auszusprechen, um

dadurch ein besseres Einlassen auf das Seminar zu gewährleisten. Andererseits werden sie von mir angehalten, sich zu den Themen des Seminars in Beziehung zu setzen. Mir scheint es von großer Bedeutung, sollte ich ein Setting verwenden, in welchem die Bezugnahme auf das Seminar veröffentlicht wird, durch ein von mir gebrachtes Beispiel auch die Möglichkeit zu eröffnen, Demotiviertheit oder Unlust zu äußern. Gleichzeitig ziele ich darauf ab, den Teilnehmenden die Chance zu bieten, schon in dieser sehr frühen Phase mit möglichst vielen anderen in Kontakt zu kommen, um einen ersten Beziehungsaufbau zu unterstützen. Etwas später arbeite ich sehr gerne mit Übungen und Spielen, die ein direktes Anrufen der anderen per Namen erfordern, um so das Erlernen und Einüben der Namen zu fördern.

Diese oben beschriebenen Methoden bilden für mich die Phase des „Kennenlernens auf individueller Ebene", um nochmals auf das TZI Modell Bezug zu nehmen. Bevor ich mich innerhalb eines Seminars der zweiten Phase, dem „Kennenlernen als Gruppe" widme, bietet sich an dieser Stelle meist eine gute Gelegenheit, den zeitlichen Rahmen, Organisatorisches sowie mögliche Abwesenheiten zu klären. Meiner Meinung nach gilt es in dem Punkt abzuwägen. Einerseits zwischen der Wichtigkeit, möglichst bald den Rahmen zu klären, da dieser den Teilnehmer_innen Sicherheit bietet und andererseits genügend Zeit zu geben – vor allem dann, wenn es darum geht, die Teilnehmenden in die Gestaltung des Rahmens einzubinden, da dies nach meinen Erfahrungen die Chance erhöht, dass authentische Bedürfnisse geäußert werden können. Ich nutze diesen Zeitpunkt auch um kurz meine Arbeitsweise vorzustellen sowie auf zwei mir wichtige Stichworte einzugehen: „Freiwilligkeit" und „Selbstverantwortung". Diese Begriffe stehen in einem engen Zusammenhang und haben für mich eine zentrale Bedeutung in Trainings- und Beratungssettings. Die Selbstverantwortung der Teilnehmer_innen bildet für mich eine Grundvoraussetzung für meine Arbeitsweise. Gleichzeitig ist bei mir der Eindruck entstanden, dass es vor allem Menschen, die direkt aus der Schule kommen, und hier vor allem aus Einrichtungen, welche wenig Raum für soziales Lernen bieten, sehr schwer fällt, im formalen Rahmen eigene Bedürfnisse und Wünsche zu äußern. Ich sehe hier ein wichtiges Lern- und Übungsfeld für junge Erwachsene und versuche diesem durch unterschiedliche Methoden zur Äußerung von Wünschen und Befindlichkeiten, aber auch zur Reflexion des Seminarprozesses Rechnung zu tragen. Gleichzeitig erfordert dieses Üben der Eigenverantwortung auch ein Ernstnehmen der geäußerten Bedürfnisse und Flexibilität von Seiten der Leitung. Wie schon oben erwähnt, sehe ich die Fähigkeit, über sich und die eigenen Bedürfnisse Auskunft zu geben, als grundlegend für eine systemische Supervisionsbeziehung. Erst diese

> „Jede Gruppeninteraktion enthält drei Faktoren, die man sich bildlich als Eckpunkte eines Dreiecks vorstellen könnte: 1. das Ich, die Persönlichkeit; 2. das Wir, die Gruppe; 3. das Es, das Thema. Dieses Dreieck ist eingebettet in eine Kugel, die die Umgebung darstellt, in welcher sich die interaktionelle Gruppe trifft. Die Umgebung besteht aus Zeit, Ort und deren historischen, sozialen und teleologischen Gegebenheiten." (Cohn 2013, S. 113f)

Selbstauskunft der Klient_innen ermöglicht ein lösungsorientiertes Arbeiten. Freiwilligkeit wiederum ist für Selbsterfahrungssettings unumgänglich. Konkret verstehe ich darunter die Freiheit der Teilnehmenden sich auch komplett aus bestimmten Fragestellungen und Übungen herausnehmen zu können, wenn sie das Bedürfnis danach haben.

Als gute Möglichkeit für das Kennenlernen der spezifischen Gruppe benutzte ich häufig das von mir auch schon an anderer Stelle in diesem Buch beschriebene Differenzieren mit von den Teilnehmer_innen gefundenen Kriterien. Diese Methode regt die Teilnehmenden dazu an, Hypothesen über die Gruppe aufzustellen und den Wirkungen derselben in einer Aufstellung nachzuspüren. Gleichzeitig fördert das Differenzieren auch ein sich Positionieren innerhalb der Gruppe. Nachfragen während der Übung führt dazu, dass die Teilnehmenden auch sprichwörtlich dazu gebracht werden zu ihrer Meinung zu stehen. Gerade in der Arbeit mit den jungen Erwachsenen wird oft gut sichtbar wie divers eine vermeintlich homogene Gruppe sein kann. Vor allem die unterschiedlichen Zukunftspläne als Spiegelbild der realen Zukunftschancen treten hier zu Tage. Es erschüttert mich immer wieder, wie wenig Chancengleichheit schon bei Menschen in diesem Alter auf Grund des durchlaufenen Bildungswegs herrscht und wie stark die individuellen Bildungswege durch die soziale Herkunft geprägt sind. Sollten in dieser Aufstellung sehr starke Differenzen zu Tage treten, achte ich darauf, dass ich die Diskussion über deren Wirkungen in Richtung eines positiven und produktiven Umgangs leite. Ich habe über die Jahre den Eindruck gewonnen, dass diese offensichtliche Sichtbarkeit von Differenz eine Bezugnahme der jungen Erwachsenen untereinander erleichtert. Bestimmte Eigenheiten werden oft als Ausdruck eines spezifischen Milieus oder einer sozialen Herkunft entlarvt. Gleichzeitig werden die Neugier und das Interesse an Menschen gefördert, welche sich auf Grund des stark trennenden Bildungssystems kaum begegnen würden.

Den dritten Teil der Anfangsphase eines Seminars bildet für mich die Abklärung der Erwartungen. Hier sind mir zwei Ebenen sehr wichtig: einerseits die Frage nach den zu bearbeitenden Inhalten, andererseits die Frage nach der Arbeitskultur. Als Grundfrage arbeite ich gerne mit einer abgespeckten Version der sogenannten „Wunderfrage" (vgl.: De Shazer 1999, S. 116f). Zuerst bitte ich die Teilnehmer_innen, sich in ihre Lage in drei Monaten zu versetzten, wenn sie schon einige Zeit in den Einrichtungen gearbeitet haben werden und sich das Seminar als sehr hilfreich erwiesen hat. Daraufhin stelle ich folgende Fragen: Wie hat das Seminar ausgesehen? Welche Inhalte wurden behandelt? In welcher Kultur wurde hier gearbeitet? Was haben die Teilnehmer_innen, was die Gruppe und was die Leitung dazu beigetragen, dass das Seminar so erfolgreich wurde? Während die Frage nach den Inhalten mir als Grundlage für die weitere Gestaltung dient, bereitet sie die Teilnehmenden gleichzeitig darauf vor, sich Gedanken darüber zu machen, was ihnen wichtig erscheint und wo sie ihre Lernfelder sehen. Da für die meisten der an dem Projekt Teilnehmenden das freiwillige Jahr stark mit der Frage nach der eigenen Zukunft und den persönlichen Zielen zusammenhängt sowie als Chance auf individuelle Weiterentwicklung gesehen wird, bieten sich hier meist gute Anknüpfungspunkte für die Gestaltung. Die Fragen nach der Arbeitskultur sowie den unterschiedlichen Beiträgen der Beteiligten eröffnen schließlich eine gute Möglichkeit zur Beziehungsklärung, sowohl für die Teilnehmer_innen untereinander als auch in Bezug auf die Leitung. Im Zuge dieses Aushandlungsprozesses bin ich immer wieder überrascht, wie oft hier schon Wünsche an mich geäußert werden, die meiner eingangs beschriebenen Haltung als Supervisor entsprechen.

Literatur

- Steve De Shazer, Steve: Wege der erfolgreichen Kurztherapie. Stuttgart 1999.

- Cohn, Ruth C.: Von der Psychoanalyse zur themenzentrierten Interaktion. Stuttgart 2013.

- Schlippe, Arist von/Schweitzer, Jochen: Lehrbuch der Systemischen Therapie und Beratung I. Göttingen 2013.

TEIL III.

WISSENSCHAFT

WAS GEHEN MICH DIE ANDEREN AN?

Gruppenleitung als Aufgabe von Trainer_innen

Barbara Korb

Viel und oft wurde bereits über unterschiedlichste Lernstrategien und -ansätze geforscht und geschrieben. Über den Sinn oder auch Unsinn von kooperativen oder sozialen Formen des Lehrens, von der Chance oder dem Risiko von Gruppen als Lernräumen.

Die Motivation, sich in diesem Beitrag mit dem Thema zu beschäftigen, führe ich auf die folgende vor kurzer Zeit an mich gerichtete Frage zurück: „Was heißt, du arbeitest mit Gruppen? Wenn ich einen Vortrag mache, meine Themen erkläre, sitzt ja auch nicht nur eine Person vor mir." Die Antwort darauf, warum es für mich einen Unterschied macht, die gruppenorientierte Herangehensweise für themenorientierte Seminare und Trainings hervor zu streichen, wohnt der Frage bereits inne.

Zunächst erkennen wir die Illusion über das Lernen, dass nämlich Zuhörer_innen 1:1 dasselbe hören, verstehen und anwenden, wie die Vortragenden es präsentieren. Jedoch hören, verstehen und lernen wir alle etwas anderes. So wie sich auch unsere kognitiven und emotionalen Strukturen innerhalb der eigenen Biografie gebildet haben.
„Lernen ist demzufolge weniger die Rezeption externen Wissens, sondern vor allem die Aktivierung von Gedächtnisleistung und die Neuverknüpfung neuronaler Netzwerke – angeregt durch Informationen der Umwelt. Damit verschiebt sich die pädagogische Aufmerksamkeit von einer Wissensvermittlung zur selbsttätigen Wissensaneignung und Wissenskonstruktion." (Siebert 2004, S. 95).

Ebenfalls wird aus der Fragestellung klar, dass der Begriff Gruppe oftmals verwirrt. Gruppe als soziales Phänomen wird wissenschaftlich wie auch alltäglich sehr vielfältig definiert – so lässt das die Vermutung zu, dass Menschen schon „mit Gruppen arbeiten", wenn einfach drei oder mehr Personen zufällig beisammen stehen. In diesem Sinne arbeiten fast alle Menschen mit Gruppen, da die wenigsten in völliger Isolation ihrer Tätigkeit nachgehen.

Der Unterschied, den gruppenorientierte Trainer_innen in ihrer Arbeit machen, liegt darin, Gruppe nicht ausschließlich als soziales Phänomen (z.B. zwölf Personen, die sich zufällig für diese Veranstaltung angemeldet haben), sondern als einen interaktiven, von (Kommunikations-) Beziehungen getragenen Prozess zu begreifen, der zahlreiche – für das Individuum nützliche – Effekte hervorbringen kann. Die Umsetzung dessen findet sich meist im Bereich der sogenannten Soft oder Social Skills Seminare. Die reflexive Auseinandersetzung mit dem eigenen Verhalten und dessen Wirkung auf andere scheint in einer gruppenorientierten prozesshaften Lernform nicht nur adäquat, sondern auch bei den Teilnehmer_innen und Auftraggeber_innen angemessen zu sein. Ganz anders sieht dies jedoch oft bei den, als Fachtrainings bezeichneten, Seminaren aus. Diese haben meistens den Hintergrund, sich mit einem bestimmten Thema auseinanderzusetzen oder aus der Expertise der fachlichen Trainer_in Inputs zu bekommen, die als Lernstoff gelten und die in Form eines Skriptes dann auch mit nach Hause genommen werden können. Gegen jede neuere lerntheoretische Auseinandersetzung wird somit das Lernen als ein Wissenstransfer vom/von der Wissenden zum/zur Lernenden gelebt und reproduziert.

Zwar wird auf Methoden zahlreicher Trainingshandbücher zurückgegriffen, die durch eine obliga-

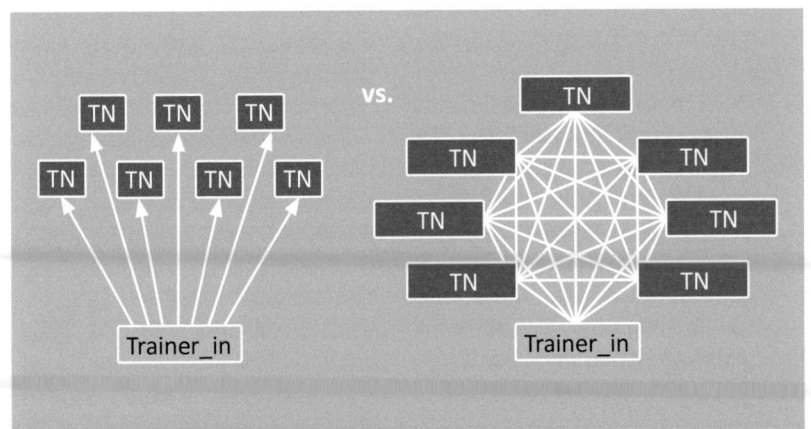

torische Kennenlernrunde und kleineren Aktivierungsübungen ihren Weg ins Lerngeschehen finden. Der prozess- und gruppenorientierte Lerneffekt bleibt jedoch meist ungenutzt. Doch warum nicht die Ressource der Gruppe nutzen, um unterschiedliche Lernstrategien anzusprechen um von Anfang an einen nachhaltigen Transfer des Gelernten in den eigenen Handlungsspielraum zu unterstützen?

Oftmals wurde ich in den vergangenen Jahren gefragt, warum fachliche Expert_innen die im Rahmen eines Seminars 12 bis 15 Personen „etwas beibringen" sollen, auch noch dafür die Verantwortung tragen sollten, dass diese Menschen zumindest für kurze Zeit so etwas Ähnliches wie eine Gruppe werden. Wo liegt der Mehrwert? Wozu soll das gut sein? Und stellt diese Erwartung nicht gar eine zu große dar?

Nicht erst seit den aktuellsten Ergebnissen der Neurowissenschaft (siehe Kasten) wissen wir, dass die Atmosphäre, in der wir lernen, und das eigene Befinden Auswirkungen auf den Lernerfolg haben: Kooperatives Verhalten lässt Glückshormone fließen, und wer sich glücklich fühlt, lernt nachhaltig. Wer Angst hat, lernt nicht oder lediglich auf kurze Sicht. Obwohl die neurologischen Vorgänge weitaus komplexer sind, umreißt diese kurze Zusammenfassung doch einen wesentlichen Punkt, der auch für die andragogische Arbeit von hohe Bedeutung ist.

Wer kennt nicht die unruhigen Momente auf Seiten der Teilnehmer_innen bevor ein Seminar beginnt. Ein schweigendes Umhersehen, ein nervöses Lachen, Small Talk, der die Stimmung heben und die Stille aufbrechen soll und, vor allem in den letzten Jahren vermehrt, der scheuklappenartige Blick auf das Mobiltelefon als Schutz vor Kontaktaufnahme.

> **!**
>
> Für Interessierte gibt es die neuesten Ergebnisse der Neurowissenschaft nachvollziehbar vorgetragen von Spitzer, Manfred/ Herschkowitz, Norbert: Wie Erwachsene denken & lernen (Hörbuch). Etsdorf am Kamp 2011

Diese spürbare Verunsicherung, die durch diese Handlungen offensichtlich wird, verstärkt in meiner Arbeit noch mehr die Notwendigkeit, nicht nur selbst als sympathische, kompetente und vertrauenswürdige Trainer_in zu agieren, mehr noch, auch die Teilnehmer_innen durch einen gemeinsamen Gruppenprozess zu begleiten, in dem grundsätzliches Vertrauen und Wertschätzung nicht nur als Seminarregeln auf einem Flipchart stehen, sondern gelebt werden können. Damit kann eine Lernatmosphäre ermöglicht werden, die unterschiedliche Lern- und Verständnistempi sowie Zugänge nicht als Problem einer heterogenen Zielgruppe versteht, sondern als Vorteil und Ressource aller, die an diesem Lernprozess beteiligt sind. Wer schafft diese Atmosphäre oder unterstützt zumindest die Möglichkeit diese gemeinsam zu schaffen? Es ist in erster Linie die Seminarleitung. Sie ist neben den technischen und organisatorischen Rahmenbedingungen, die einen nicht zu unterschätzenden Einfluss auf die Stimmung im Seminarraum haben können, für das individuelle Ausschöpfen des Potentials der Teilnehmer_innen zuständig. Also dafür, dass jede_r Teilnehmer_in den Raum und die Möglichkeit hat, den individuellen Lernprozess zu starten und auch mithilfe aller Anwesenden weiterzuverfolgen.

Worin liegt nun der wesentliche Vorteil für die Seminarteilnehmer_innen, wenn ein Thema bearbeitet, individuell verortet und überdacht wird, sich zusätzlich noch mit anderen Menschen über die eigenen Überlegungen auszutauschen?

Die lerntheoretischen Auseinandersetzungen des kooperativen Lernens zeigen auf, wie die Gruppe als Lernraum und Lernressource im Rahmen eines Seminars zu individuellem Lernen beitragen kann:

Kooperatives Lernen ist „eine Interaktionsform, bei der die beteiligten Personen gemeinsam und in wechselseitigem Austausch Kenntnisse und Fertigkeiten erwerben". Lernen wird somit als soziales Geschehen und Handeln verstanden und als aktiver und kommunikationsbasierter Prozess begriffen (vgl.: Konrad/Traub 2010, S. 5).

Das Lernen in Auseinandersetzung mit anderen bietet somit viele Vorteile. Durch die Auseinandersetzung mit dem Lernstoff gemeinsam mit anderen Lernenden wird auch die notwendige Verknüpfungsleistung mit dem eigenen Erfahrungs- und Kenntnishorizont hergestellt. Der Austausch mit anderen Lernenden bewirkt das Bemerken und Wahrnehmen unterschiedlicher Perspektiven und die Möglichkeit der eigenen Positionierung zum Thema, wie auch zur Anwendung der Lerninhalte. Teilnehmer_innen eines bestimmten Seminars haben als Grundvoraussetzung ein gemeinsames Interesse zum Seminarthema. Dieser Gemeinsamkeit stehen jedoch unterschiedliche Lebenssituationen, Lernbiografien, Vorerfahrungen, Fähigkeiten und Kommunikationsstile gegenüber, die als Lernressource meist ungenutzt bleiben. Die Unterschiede als zusätzliche Erweiterung der eigenen Herangehensweise anzuerkennen, ermöglicht für das individuelle Lernen eine Perspektivenverschränkung: Das Einnehmen anderer, bislang fremder Perspektiven im Bezug zum Gelernten lässt größeren Handlungsspielraum zu. Weiters bieten der Gruppenbezug und eine positive Gruppenatmosphäre auch Raum für Motivation, Verständnis und Unterstützung − Soziales Lernen also. Die Möglichkeit, sich selbst in der Auseinandersetzung mit anderen zu unterschiedlichen Themen zu positionieren. Die eigenen Erfahrungen und Ziele damit in Verbindung zu bringen, und andere Erfahrungen als Ressource der eigenen individuellen Verortung zu nutzen. Die Auseinandersetzung mit der individuellen Wahrnehmung und Interpretation der Themen mit Wahrnehmungen und Schlussfolgerungen anderer Teilnehmer_innen gilt hier nicht nur als Korrelativ im eigenen Lernprozess, sondern vielmehr als breites Feld persönlicher Zugänge, um darauf aufbauend weiterführende Handlungsoptionen ausloten zu können. Durch fremde Erfahrungen können eigene wertgeschätzt und sinnvoll nutzbar gemacht werden.

Um diesen Prozess aber auch für alle Teilnehmer_innen vorteilhaft zu gestalten, benötigt es neben Kenntnissen über und Erfahrung mit Gruppendynamik sowie einem Repertoire an prozess- und gruppenorientierten Seminargestaltungsmöglichkeiten auch eine offene und wertschätzende Haltung gegenüber der Lernressource Gruppe und dem Individuum als Expert_in seiner/ihrer eigenen Situation.

Das Lernen als hauptsächliches Ziel eines Seminars oder Trainings – unabhängig davon, ob es sich um sogenannte „Social Skills" oder „Hard Facts" Inhalte handelt – zu ermöglichen, zu unterstützen und zu begleiten, ist Kernaufgabe von Trainer_innen. Daher ist es unverzichtbar die inhaltliche Kompetenz und Expertise vorweisen zu können. Jedoch benötigt es auch die Erfahrung und Kompetenz in Gruppenleitung, -kommunikation und prozessorientierter Seminar-

planung, um diese Expertise in einem Seminar auch längerfristig für andere zu erschließen, und mehr noch, echte Handlungsoptionen aufzuzeigen. Die Expertise, Themen an andere weiterzugeben liegt in der Kompetenz der Vortragenden. Der Vorteil den gruppenorientierte Trainer_innen darüber hinaus mitbringen, ist die soziale Interaktion als sinnvolle Lernform für die Teilnehmenden anzuleiten und zu begleiten.

Literatur

- Klaus, Konrad/Traub, Silke: Kooperatives Lernen: Theorie und Praxis in Schule, Hochschule und Erwachsenenbildung. Hohengehren 2010.

- Siebert, Horst: Methoden der Bildungsarbeit. Bielefeld 2004.

- Spitzer, Manfred/Herschkowitz, Norbert: Wie Erwachsene denken & lernen (Hörbuch). Etsdorf am Kamp 2011.

SCHULEN UND VIELFALT – VIELFALT IN DER SCHULE?

Edda Strutzenberger-Reiter

Schulen finden sich gegenwärtig in einer Situation der Pluralisierung wieder. Es ist für sie eine der zentralen Herausforderungen, mit Unterschieden und Differenzen, mit der Verschiedenheit der Schüler_innen und Lehrer_innen umzugehen.

Im Folgenden stelle ich kursorisch dar, was es für schulische Entwicklungsprozesse bedeutet, sich aktiv mit dieser Thematik auseinanderzusetzen. Dafür gehe ich zuerst auf das Thema Diversität ein, um danach organisatorische Kennzeichen von Schulen und deren Zusammenhang mit Vielfalt darzustellen. Am Schluss steht ein kurzer Leitfaden mit beispielhaften Fragestellungen, wie sich Schulen diesem Thema nähern könnten.

Schulen in pluraler Gesellschaft

Die an Schulen vorherrschende Pluralität bezieht sich auf unterschiedlichste Ebenen, wie unter anderem die Erziehungswissenschaftlerin Annedore Prengel feststellt: „In Grundschulen, in Gesamtschulen, in Gymnasien, Realschulen und Sonderschulen finden sich Schülerinnen und Schüler in den Klassen, die unterschiedlich alt sind, die aus verschiedenen ökonomischen, kulturellen und familiären Welten kommen, die sich verschieden entwickeln, die mit verschiedenen Arbeitsweisen auf verschiedenen Niveaus lernen. Sie haben verschiedene, gute und weniger gute soziale Beziehungen und verschiedene glückliche und un-

„Uniformität verhindert Denken, Differenz hingegen stiftet es an, fordert heraus."

glückliche existenzielle Erfahrungen. Sie kommen mit sehr unterschiedlichen Interessen an den Lerngegenständen in die Schule." (Prengel 2006, S. 210). Pluralität in der Schule bezieht sich also nicht nur auf die Frage nach ethnischen Unterschieden, sondern auch auf persönliche Dimensionen. Jugendliche heute leben in einer pluralen Gesellschaft: Sie wachsen mit unterschiedlichen Religionen und unterschiedlichen Weltanschauungen auf. Um in dieser vielfältigen Welt gut zurechtzukommen, benötigen sie Kompetenzen im Umgang mit dieser Diversität, welche es auch in der Schule zu vermitteln und zu leben gilt. Doch wie können Schulen das leisten? Tendieren sie dazu, Unterschiede zu nivellieren, auszublenden und nicht zu beachten – vielleicht aus Angst vor Konflikten oder vielleicht, weil sich die gesellschaftliche negative Einstellung zu Pluralität auch an den Schulen zeigt (vgl.: Jäggle 2009, S. 274)? Darüber hinaus eignet sich die Organisationsform von Schulen eher dazu, zu homogenisieren, als Strukturen zur Verfügung zu stellen, die einen reflektierten Umgang mit Diversität ermöglichen. So finden sich die Schüler_innen bspw. in homogenen Altersgruppen wieder und es wird von ihnen erwartet, ein angenommenes für alle gleiches

Leistungsniveau zu erreichen. Dies widerspricht den vielfältigen Begabungen und Interessen der jungen Menschen. So wird die Botschaft eines „Normalisierungszwanges" und „Assimilierungsdrucks" transportiert (vgl.: Prengel 2006, S. 61f). Mit dieser Homogenisierungsstrategie müssen eigene Überzeugungen und Werthaltungen nicht mehr beurteilt, argumentiert und ggf. relativiert werden, sondern es gilt, sie der Norm anzupassen.

Schulische Organisation im Widerspruch zu Vielfalt

Nimmt man Schule aus einer organisationstheoretischen Perspektive in den Blick, können neben den oben erwähnten Aspekten verschiedene für sie spezifische Kennzeichen festgemacht werden:
Meist werden Schulen als Expert_innenorganisationen klassifiziert. Das heißt, dass im laufenden Betrieb viele hoch ausgebildete Fachkräfte tätig sind, die zwar über fundiertes Wissen in ihrem jeweiligen Fachgebiet verfügen, deren Verständnis von Organisationen aber wenig ausgeprägt ist (vgl.: Rolff 2007, S. 34).

In Schulen steht an erster Stelle der subjektive Sinn, den Lehrer_innen ihrem pädagogischen Handeln in der Klasse geben. Das führt dazu, dass sie sich in erster Linie den Klassen und ihrem Fach, nicht aber der Schule als Organisation verbunden fühlen. Typisch dafür ist der Satz: „Ich bin Deutschlehrerin." Und

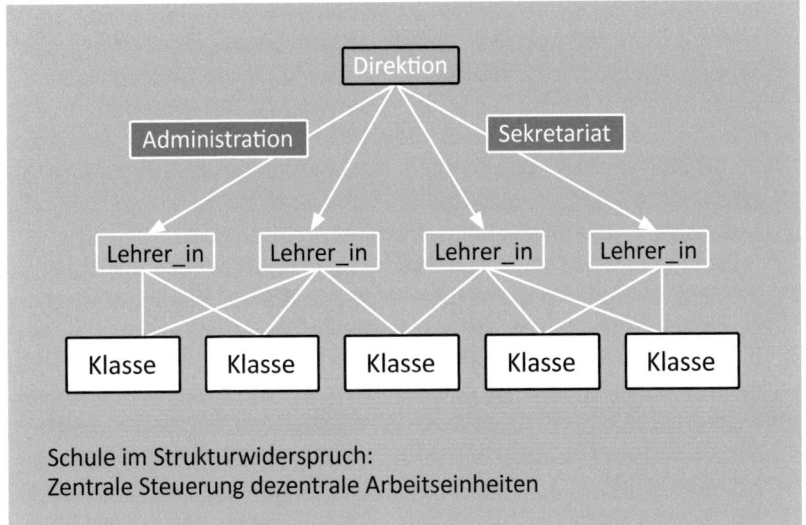

Schule im Strukturwiderspruch:
Zentrale Steuerung dezentrale Arbeitseinheiten

nicht „Ich bin Lehrerin an der Schule x und unterrichte dort Deutsch." (vgl.: Krainz-Dürr 1999, S. 2).

Dem entspricht auch die sogenannte „lose Kopplung" von Schulen: Sie bestehen aus weitgehend gleichgeschalteten Subsystemen, die aber wenig Verbindung untereinander aufweisen. Klassen stehen unverbunden nebeneinander, es gibt kaum Möglichkeit zur Kontaktaufnahme (vgl.: Weick 1976, S. 1ff).

Die Mitarbeiter_innen in diesem System verfügen über maximale Freiheit, aber wenig strukturelle Unterstützung. Sie können sich ihre Arbeitsweisen selbst zurecht legen, sobald die Klassentür geschlossen wird, sind Lehrer_innen alleine verantwortlich für das Geschehen in der Klasse. Deshalb nehmen sie manchmal auch ihr Unterrichten als „privates" Handeln wahr (Vgl.: Ullmann 1994, S. 124).

Es wird hier also deutlich: Schulen erschweren es den Lehrkräften auch aufgrund ihrer organisatorischen Gegebenheiten, sich zu vernetzen und in einen strukturell abgesicherten Austausch miteinander zu treten bzw. stellen sie kaum Reflexionsräume zur Verfügung. Genau das würde aber helfen, Differenz wahrzunehmen und den aktiven Umgang mit ihr zu fördern. Hier befinden sich Lehrer_innen und Schulen im systemimmanenten Widerspruch zwischen den Anforderungen von Pluralisierung und Individualisierung auf der einen Seite und Homogenisierungstendenzen auf der anderen.

Eine mögliche Antwort:
Die Pädagogik der Vielfalt

Den skizzierten Homogenisierungsstrategien steht die von Prengel entwickelte „Pädagogik der Vielfalt" gegenüber. Dieses Konzept ist nicht neu, doch lohnt es sich, es auf seine Implikationen für die Schule hin zu durchleuchten:

Im Modell von Prengel wird Differenz als ein Ermöglichungsgrund von Denken angesehen. Denn wo keine Unterschiede mehr gesehen werden, wo Ansichten und Überzeugungen von Menschen nicht in Frage gestellt werden, wo alles als „normal" erscheint, ist Denken nicht mehr „nötig". Kurz: Uniformität verhindert Denken, Differenz hingegen stiftet es an, fordert heraus. Prengel geht dabei vom Begriff der „egalitären Differenz" aus: Jeder Mensch ist zu einem anderen different, Differenz ist also der Normalfall und nicht die Ausnahme. Eine Hierarchie, die aufgrund einer angenommenen Differenz (bspw. Geschlecht) konstruiert wird, dis-

kriminiert. Hier gilt es, sich gegen Unterdrückung, Ausbeutung oder Entwertung von Menschen einzusetzen (vgl.: Prengel 2006, S. 49). Differenzen bezeichnen auch Differenzen innerhalb einer Gruppe. So gibt es nicht die Frauen oder die Musliminnen oder die Homosexuellen, sondern mithilfe des Konzepts der egalitären Differenz wird auf die Individualität von Menschen, auf ihre Lebenshintergründe und die Art, wie sie ihre Erfahrungen verarbeiten und mit ihnen umgehen, verwiesen. Für Schulen heißt das, dass ihnen Differenz in unterschiedlichster Form – wie in anderen Organisationen auch, aber Schulen haben noch dazu ein sehr inhomogenes „Publikum" – entgegentritt, sie in ihrer Organisationsform aber der Wahrnehmung dieser Differenzen widersprechen. Was kann nun Schulentwicklung – im Sinne der Entwicklung der einzelnen Schule – tun, um diesen vielfältigen Differenzen und Differenzerfahrungen gerecht zu werden?

Konsequenzen für die Schulentwicklung

Die folgenden Überlegungen stützen sich zum einen auf Forschungsergebnisse aus meiner Dissertation und zum anderen auf Erfahrungen, die ich mit Schulentwicklung gemacht habe. Wenn man Schulentwicklung dem Schulforscher Hans Günter Rolff folgend in den Bereichen Unterrichts-, Personal- und Organisationsentwicklung (vgl.: Rolff 2010, S. 29ff) verankert, kön-

---

!

Drei Säulen der Schulentwicklung nach Rolff:

- Unterrichtsentwicklung: Subjektorientierung, Fächerübergreifendes Lernen, neue Beurteilungsformen, etc.
- Personalentwicklung: Mitarbeiter_innengespräche, Supervisionen, Fortbildungen etc.
- Organisationsentwicklung: Schulprogramm, Schulkultur, Leitbild, Kommunikationsstrukturen etc.

> Eine detaillierte Auseinandersetzung mit der Thematik Diversität und ihre Bedeutung für Schulentwicklungsprozesse findet sich in meiner Dissertation zur Bedeutung von religiöser Pluralität in der Schulentwicklung.

nen für eine erste Auseinandersetzung mit Diversität in der Praxis der Schulentwicklung folgende Leitfragen hilfreich sein:

Organisationsentwicklung:

- Welche Ressourcen stehen den Schüler_innen sowohl zeitlich als auch örtlich zur Verfügung?
- Welche impliziten Botschaften werden den Schüler_innen vermittelt: Wer wird von der Organisation belohnt? Wer wird wie repräsentiert?
- Wie wird strukturell mit den unterschiedlichen Bedürfnissen der verschiedenen am Schulleben beteiligten Menschen umgegangen? (Feiertage, Essensvorschriften, etc.)
- Wo gibt es Hierarchien? Wie kommen sie zum Ausdruck?
- Wie berücksichtigt der Schulkalender Vielfalt?
- Wie wird an der Schule mit kulturell und religiös geprägter Kleidung bzw. Kleidungsvorschriften und dem Tragen von religiösen Symbolen umgegangen?
- Welche strukturell abgesicherten Räume/Zeiten gibt es, um

sich mit Fragen des Schullebens auseinanderzusetzen?
- In welcher Weise wird auf der Ebene des Schulmanagements Diversität reflektiert?

Personalentwicklung:

- Wie wird im Kollegium mit Diversität umgegangen? Wann ist sie Thema?
- Welche Haltung haben die Mitarbeiter_innen bezüglich Diversität?
- Welches Vorwissen bringen sie mit? Welche Art von Fortbildungen können sie unterstützen?
- Wie können sich die Mitarbeiter_innen gegenseitig im Umgang mit Diversität unterstützen?

Unterrichtsentwicklung:

- Worauf wird in den Lehrplänen der Schwerpunkt gelegt?
- Ist Vielfalt Teil der Lehrpläne? In welchen Gebieten wird sie behandelt?
- Welche Sprachen werden unterrichtet?
- Wie kommen individualisierende Elemente im Unterricht vor?
- Wird in der Art der Leistungsbeurteilung auf Diversität geachtet?

Im Fokus der Entwicklungsvorhaben sollte jedenfalls die wertschätzende Wahrnehmung von Menschen im System und der Kultur der Schule sein, die jeder Person, sei es männlich oder weiblich, schwul oder lesbisch, mit „Migrationshintergrund" oder auch ohne, zusteht. Es geht hier nicht um das Lernen der Vielfalt um der Vielfalt willen, sondern dem Ziel ein Stück näher zu kommen, in einer gerechten Gesellschaft mit mündigen, demokratie- und pluralitätsfähigen Bürger_innen leben zu können.

Literatur

- Fischer, Dietlind: Interreligiöses Lernen und Schulkultur. Zum Umgang mit religiöser Pluralität in der Schule. In: Praktische Theologie. Zeitschrift für Praxis in Kirche, Gesellschaft und Kultur (3/2007), 167–173.

- Jäggle, Martin: Religiöse Pluralität als Herausforderung für Schulentwicklung. In: Jäggle, Martin/Krobath, Thomas/Schelander, Robert: lebens.werte. schule. Religiöse Dimensionen in Schulkultur und Schulentwicklung. Berlin/Wien 2009, 265–280.

- Krainz-Dürr, Marlies: Wie kommt Lernen in die Schule? Kritische Erfolgsfaktoren aus der Sicht der Schulentwicklungsforschung. In: Beucke-Galm, Mechthild/Fatzer, Gerhard/Rutrecht, Rosemarie (Hg.): Schulentwicklung als Organisationsentwicklung. Köln 1999, 423–444.

- Prengel, Annedore: Pädagogik der Vielfalt. Verschiedenheit und Gleichberechtigung in Interkultureller, Feministischer und Integrativer Pädagogik. Wiesbaden ³2006.

- Rolff, Hans-Günter: Studien zu einer Theorie der Schulentwicklung. Weinheim/Basel 2007.

- Rolff, Hans-Günter: Schulentwicklung als Trias von Organisations-, Unterrichts- und Personalentwicklung. In: Bohl, Thorsten/Helsper, Werner/Holtappels, Hans-Günter/Schelle, Carla (Hg.): Handbuch Schulentwicklung, Bad Heilbrunn 2010, 29–36.

- Schwendemann, Wilhelm: Religiöser Lernort Schule? Ein Statement. In: Praktische Theologie (39/2004), Heft 2, 122–128.

- Strutzenberger, Edda: „Dass Religion auch hier mitspielt…" Zur Bedeutung von Religion in der Schulentwicklung. Wien, Univ. Diss 2012.

- Ullmann, René: Organisationsentwicklung für den besonderen Organisationstyp „Schule" – Erfahrungen und Überlegungen eines Organisationsberaters. In: Was können Schulen für die Entwicklung leisten?, Bericht über ein OECD/CRI Seminar. Wien 1994, 117-137.

- Weick, Karl E.: Educational Organizations as Loosely Coupled Systems. In: Administrative Science Quarterly (2/1976), 1–19.

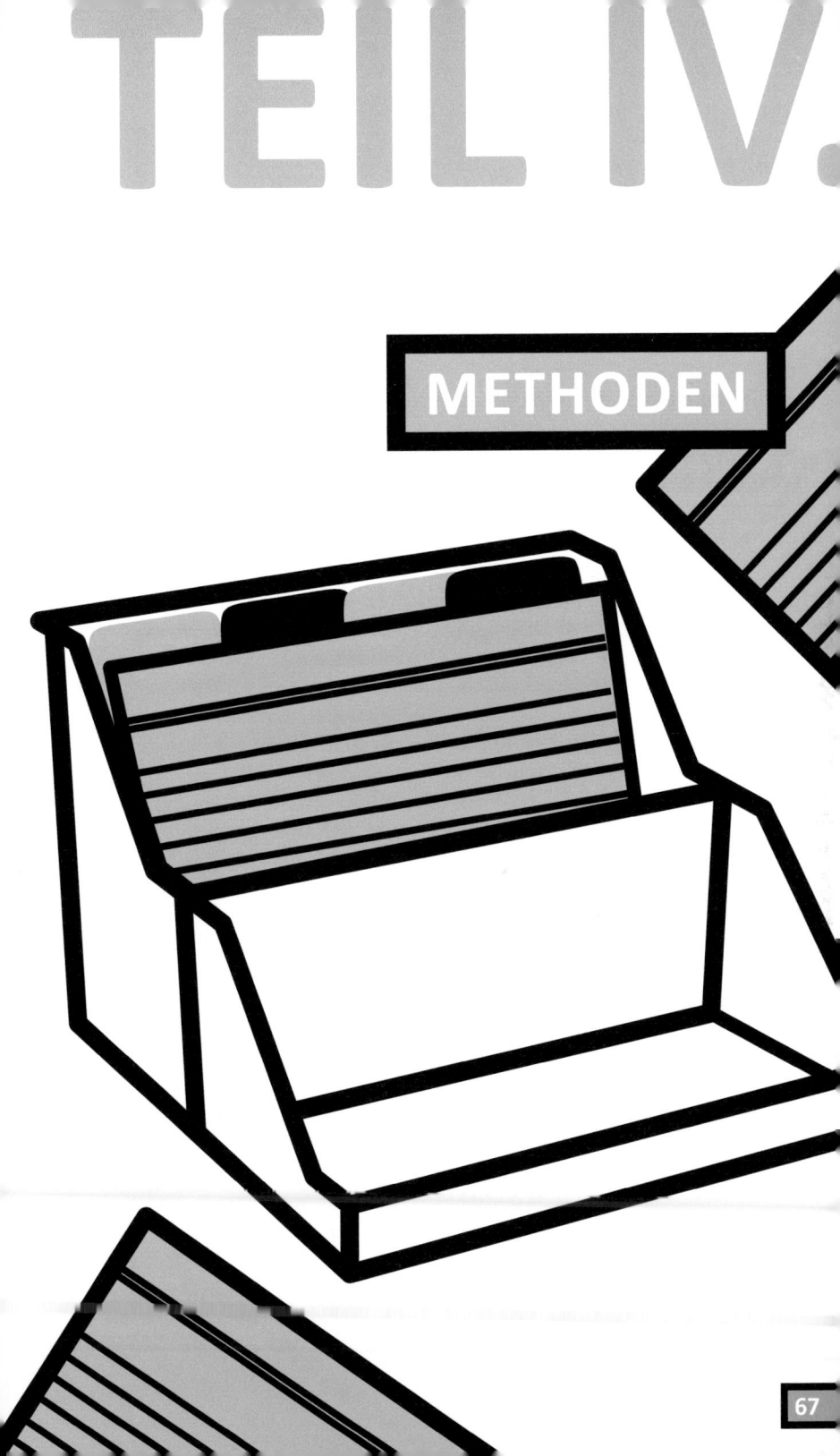

TEIL IV.

METHODEN

Dauer: 5 – 10 Minuten, je nach Gruppengröße.

Ablauf: Die Leute stellen sich paarweise nebeneinander, gut im Raum verteilt. Hindernisse (Sessel, Tische, Schreibmaterial, etc.) sollten zur Seite geräumt werden. Eine Person steht alleine. Ist die Zahl der Gruppenmitglieder gerade, kann entweder der/die Trainer_in mitspielen oder wenn die Gruppe ohnehin sehr groß ist, dann stehen 2 oder sogar 3 Personen alleine.

Die Personen ohne Partner_in rufen nun wild durcheinander Namen um eine/n Partner_in anzulocken. Die Personen, die nebeneinander stehen haben Namen getauscht. Das heißt ganz konkret, wenn Andi und Gerda nebeneinander stehen und Barbara, die alleine steht, ruft: „Andi", dann reagiert Gerda. Gerda versucht, zu Barbara zu kommen. Wenn Andi schnell reagiert und sie erwischt (nachlaufen ist nicht erlaubt!), dann muss Gerda bleiben. Wenn sie entkommt, ist Andi alleine, heißt wieder Andi und Gerda und Barbara tauschen die Namen. Wichtig ist: im Streitfall entscheidet einfach die Person, die weggelaufen ist ob sie erwischt wurde oder nicht. Schnelle Entscheidungen, nicht lange diskutieren.

Das Spiel lebt davon, dass es mit Tempo gespielt wird. Je mehr Chaos desto besser. Wenn sich niemand mehr auskennt, wo er/sie steht und wie er/sie heißt, dann ist Zeit zum Weiterarbeiten.

Teilnehmer_innenanzahl: Mind. 5 bis unbegrenzt.

Keine **Materialien** notwendig. Eine freie Fläche genügt.

Gut einsetzbar: Wenn es mal an der Zeit ist, das Hirn ein bisschen auszuleeren. Am Anfang zum Wiederholen der Namen ganz praktisch. Die Leute, die nebeneinander stehen, stellen sich beieinander noch einmal vor. Die Person, die Namen ruft, muss nicht wissen wer wie heißt, sie muss nur wissen, ob es diesen Namen in der Gruppe gibt, oder nicht.

Achtung: Die Gruppe darauf hinweisen, dass niemand erschlagen oder erdrückt werden soll. Freiwilligkeit und Selbstveranstwortung sind wichtig. Wer nicht mitspielen will, soll aussetzen.

Mit der Methode verbinde ich: Viel Gelächter, Verwirrung und Entrüstung.

HYPOTHETISIEREN

BESCHRIEBEN VON IRENE ZAVARSKY

Dauer: ca. 5 – 7 Minuten pro Person, Runde im Plenum je nach TN Zahl und Ausführlichkeit.

Ablauf: Zwei oder drei Personen, die sich gar nicht kennen, gehen in eine Kleingruppe. Sagen wir: Irene, Clemens und Edda sind in einer Kleingruppe. Edda ist die Person um die es in den ersten fünf Minuten geht. Clemens und Irene hypothetisieren wild über Edda drauf los: Was sie arbeitet, was ihre Hobbies sind, ob sie Kinder hat, ob und wohin sie gerne reist, welche Bücher sie gerne liest, etc. Wenn das Seminar ein spezielles Thema hat, zum Beispiel „Präsentationstechnik" dann kann man auch in dieser Phase schon Hypothesen dazu bilden: ob sie gerne oder nicht gerne präsentiert, oft oder selten, vor welchen Gruppen, etc.

Edda hört sich das 5 Minuten lang an, OHNE etwas dazu zu sagen und möglichst auch ohne allzu große Reaktionen darauf (kein Nicken oder Kopfschütteln!). Dann hat sie kurz die Gelegenheit das Gesagte richtig zu stellen. Dann ist Clemens dran, Irene und Edda hypothetisieren.

Sind alle fertig, dann kann man im Plenum mit einer Vorstellun

de weitermachen, damit auch die anderen alle Namen einmal hören und ein bisschen etwas über die Person erfahren. Hier kann man optional fragen was besonders überraschend war bei der Übung, was genau gestimmt hat oder wo die Kolleg_innen weit daneben lagen. Hier kann auch schon eine Erwartungsabklärung mit einfließen.

Teilnehmer_innenanzahl: egal, so viele da sind. Funktioniert auch schon mit zwei Personen, allerdings nur, wenn sie sich nicht kenne, oder zu Themen über die sich die beiden noch nicht viel ausgetauscht haben.

Materialien: Eventuell Kärtchen zum Notizen machen.

Gut einsetzbar: Wenn sich die Gruppe nicht gut kennt, oder ein völlig neues Thema besprochen wird. Dient zum Kennenlernen oder zum Einstieg in ein Thema.

Achtung: Auf die Formulierungssensibilität hinweisen. Es geht um Vorurteile und Hyptothesen, diese sollen auch geäußert werden, aber in einem respektvollen Rahmen.

Mit der Methode verbinde ich: So manch überraschende Erkenntnis

MEINE SCHLÜSSEL

BESCHRIEBEN VON MARKUS ZACHBAUER

Dauer: Je nach Teilnehmer_innenzahl zw. 15 – 45 Minuten.

Ablauf: Die Teilnehmer_innen werden von der Seminarleiterin/dem Seminarleiter gebeten, sich reihum vorzustellen, dabei ihren Namen zu nennen und den anderen Teilnehmer_innen ihren Schlüsselbund zu zeigen und die einzelnen Schlüssel zu erklären.

Diese Art der Vorstellung ist auch für „gute Bekannte" in der Gruppe interessant, weil die Teilnehmer_innen dabei gerne Anekdoten zu den einzelnen Schlüsseln am Schlüsselbund erzählen. Jeder und jede kann dabei selbst bestimmen, was und wieviel er/sie zu den einzelnen Schlüsseln sagen will.

Die Teilnehmer_innen erfahren so meist überraschend viel voneinander („Haustürschlüssel meiner Eltern", „Schlüssel vom Proberaum meiner Band", …).

Teilnehmer_innenanzahl: 4 – ca. 20.

Gut einsetzbar wenn: Eine einfache Methode zum Beginn einer Veranstaltung, bei der sich die Teilnehmer_innen unterschiedlich gut kennen.

Achtung auf: Bei mehrtägigen Veranstaltungen mit Übernachtung haben die Teilnehmer_innen ihre Schlüssel oft in ihren Zimmern deponiert und nicht bei sich. Wenn die Übung bei so einer Veranstaltung als Kennenlernrunde eingesetzt werden sollte, ist es ratsam, die Teilnehmer_innen vor Beginn der ersten Einheit zu bitten, sie mögen doch bitte ihre Schlüssel mit in den Seminarraum bringen. Zumindest sollten sie die Gelegenheit bekommen, ihren Schlüssel zu holen, falls sie ihn nicht mit im Raum haben.

Dauer: je nach Teilnehmer_innenanzahl 30 – 45 Minuten.

Ablauf: Die Teilnehmer_innen bekommen drei Impulse und finden jeweils ein Symbol dafür (Bsp.: Wie bin ich zum Seminar gekommen? Was verbinde ich mit dem Titel? Was war mein highlight in der letzten Woche? Wo wäre ich, wenn ich nicht hier wäre? Welches Symbol passt für mich für dieses Seminar? Etc.). Diese drei Symbole zeichnen sie in Einzelarbeit auf ein Moderationskärtchen. Wenn alle fertig sind, kann die „Gerüchteküche" zum Kochen gebracht werden: Jeweils zwei Teilnehmer_innen stellen sich in einem ersten Schritt selbst anhand ihrer Kärtchen vor. Danach werden die Kärtchen getauscht. Mit dem nun fremden Kärtchen suchen sich die Teilnehmer_innen wieder neue Gesprächspartner_innen und erklären die Symbole am fremden Kärtchen. Inwieweit hier Gerüchte geschürt werden, kommt ganz auf die Teilnehmer_innen an. Nun werden wieder die Kärtchen getauscht und wieder neue Gesprächspartner_innen gesucht. Wenn dann ca. vier bis fünfmal ein Wechsel stattgefunden hat, können sich die Teilnehmer_innen setzen und nun die Person anhand der Karte, die sie in der Hand halten, im Plenum vorstellen. Danach

können die Kärtchen auch wieder zurückgegeben werden.

Teilnehmer_innenanzahl: 12 – ca. 25.

Materialien: Moderationskärtchen

Gut einsetzbar, wenn:
- Die Teilnehmer_innen sich noch nicht kennen bzw. sich besser kennen lernen sollen.
- Sich die Teilnehmer_innen durchmischen sollen.
- Man in ein neues Thema einsteigen möchte.
- Die einzelnen Teilnehmer_innen sich positionieren sollen.
- Man als Trainer_in diese Positionierungen zum Arbeiten benötigt.

Achtung auf: Zu viele Teilnehmer_innen lassen die Methode langwierig werden. Die Fragen sollten nicht zu persönlich sein, wenn sich die Gruppe noch nicht so gut kennt. Der Angst der Teilnehmer_innen, dass man „unschöne" Symbole produziert, kann mit dem Hinweis darauf, dass es ja keine Kunstwerke werden müssen, entgegenwirken.

Mit der Methode verbinde ich:
Sehr lustige Seminareinstiege, einige Aha-Effekte und eine aufgelockerte Einstiegsstimmung im Seminar.

„WELCHE UNTERSCHIEDE MACHEN EINEN UNTERSCHIED?"

BESCHRIEBEN VON ANDREAS REITER

Dauer: Meist länger als angedacht, je nach Anzahl der Teilnehmer_innen und der Menge der aufgestellten Kriterien 60 – 90 Minuten. Ungefähr 20 Minuten entfallen davon auf die Kleingruppenarbeit.

Ablauf: Ziel ist das Differenzieren mit von den Teilnehmer_innen erarbeiteten Kriterien. Dafür bekommen die TeinehmerInnen den Auftrag, in Kleingruppen Unterschiede innerhalb der Gruppe zu finden, von welchen sie annehmen, dass diese eine relevante Rolle für die Gruppe bzw. das Seminarthema spielen könnten (z.B.: Alter, Geschlecht, Vorerfahrungen, Motivation...). Sie werden angehalten, in einem ersten Schritt möglichst viele Kriterien zu sammeln und diese dann auf 5 oder 6, je nach zur Verfügung stehender Zeit und Gruppengröße einzuschränken. Hierbei empfiehlt es sich, die Teilnehmer_innen zu unterstützen um einerseits nicht zu viele Dopplungen zu erhalten und andererseits die Kriterien so zu formulieren, dass sie gut aufstellbar sind.

Danach werden die Listen von der Leitung eingesammelt und für alle sichtbar im Raum aufgehängt. Anschließend werden die Kriterien nacheinander im Raum aufgestellt, wobei es mir wichtig erscheint, die Gruppe möglichst selbstständig gewähren zu lassen, um die Kommunikation untereinander zu fördern. Sobald die Teilnehmer_innen für sie passende Orte im Raum gefunden haben, werden sie einerseits über die Wirkung der Aufstellung auf sie als auch ihre Hypothesen bezüglich der Relevanz und möglicher Konsequenzen befragt.

Teilnehmer_innenanzahl: 6 – 30.

Materialien: genügend Platz, Moderationskärtchen.

Gut einsetzbar, wenn: Ich arbeite mit dieser Methode gerne am Beginn von Seminaren, im Anschluss an das Kennenlernen auf einer individuellen Ebene, da sie es ermöglicht, einen Blick auf die spezifische Gruppe zu erhalten. Gleichzeitig führt sie meist dazu, dass die Teilnehmer_innen einen persönlichen Bezug zwischen sich und dem zu behandelnden Thema herstellen. Außerdem fördert das Differenzieren den Austausch untereinander und begleitet die Sensibilität füreinander.

Achtung auf: Während der Aufstellung erfordert diese Methode viel Präsenz und Strukturierung. Außerdem gilt es darauf zu achten, dass keine abwertenden Fremdzuschreibungen vorgenommen werden und es ist das Augenmerk darauf zu richten, ob alle Teilnehmer_innen wirklich bereit sind, sich zu den jeweiligen Kriterien zu positionieren.

Mit der Methode verbinde ich: Ich setzte diese Methode aus zwei Gründen sehr gerne ein: Einerseits ermöglicht sie der Gruppe aber auch mir ein Kennenlernen und potentielle Differenzen werden sicht- und spürbar, außerdem finde ich sie sehr förderlich für den Beziehungsaufbau untereinander aber auch zwischen Leitung und Gruppe.

Dauer: Mindestens 10 Minuten, beliebig verlängerbar

Ablauf: Als Vorbereitung wird ein Raster von Quadraten auf den Boden gezeichnet (Kreide), geklebt (Malerkrepp) oder gelegt (Schnüre/Seile). Je nach Teilnehmer_innenanzahl und gewünschter Schwierigkeit/Dauer der Übung umfasst das Raster 5x5 bis 8x8 oder auch mehr Quadrate. Bei bspw. 14 Personen bereite ich üblicherweise einen Raster aus 6x6 Quadraten vor, jedes Quadrat sollte so groß sein, dass man gut drin stehen kann. Vom Raster sollte außerdem eine kleine Skizze angefertigt werden, in der der Weg bzw. die Wege durch das „Labyrinth" eingezeichnet wird/werden. Der/die Weg/e sind nur dem/der Übungsanleiter_in bekannt. Vor Beginn der Übung werden die Teilnehmer_innen in zwei Gruppen geteilt.

Die beiden Gruppen positionieren sich einander gegenüber, das Raster liegt zwischen ihnen. Folgende Informationen werden den Teilnehmer_innen mitgeteilt:

- Alle müssen den richtigen Weg durch das Labyrinth finden und die gegenüberliegende Seite erreichen.
- Die beiden anderen Seiten des Rasters, jeweils links und rechts

von den beiden Start-/Zielseiten dürfen nicht betreten werden.

- Es darf nicht gesprochen werden.
- Jede Gruppe stellt sich in einer Reihe auf und bestimmt so die Reihenfolge der Teilnehmer_innen, die nacheinander versuchen den richtigen Weg durchs Labyrinth zu finden.
- Es darf sich immer nur eine Person gleichzeitig im Labyrinth befinden. Die beiden Gruppen sind also immer abwechselnd dran, die jeweils nächste Person in der Reihe ins Labyrinth zu schicken.
- Der Weg kann nicht zweimal durch dasselbe Quadrat führen, es müssen aber auch nicht alle Quadrate Teil des Weges sein.
- Ein/e Teilnehmer_in kann so lange nach dem richtigen Weg suchen, bis er/sie in eine falsches Quadrat steigt. Dies wird durch ein Geräusch oder eine Geste des/der Übungsanleiter_in klar. Ist dies der Fall, muss der/die Teilnehmer_in den bereits richtig zurückgelegten Weg bis zur Startlinie retour gehen und sich in ihrer/seiner Reihe hinten anstellen.
- Die Übung ist zu Ende, wenn alle Teilnehmer_innen beider Gruppen die Zielseite erreicht haben.

Diese Übung lässt viele Varianten zu. Ist das Thema Kooperation im Fokus, sollte es nur einen Weg durchs Labyrinth geben, der von beiden Gruppen begangen werden soll. Wenn die Teilnehmer_innen also aufmerksam sind und vermuten, dass es nur einen richtigen Weg gibt, werden sie beginnen den „anderen" zu helfen und so alle gemeinsam schneller zum Ziel kommen.

Die Übung eignet sich aber auch gut als Wettbewerb, oder um über Themen wie „leiten und führen", oder Konkurrenz zu sprechen. Hierfür bietet es sich an, zwei verschiedene Wege, jeweils einen richtigen Weg pro Gruppe, vorzugeben. Wichtig ist bei dieser Variante, dass die beiden Wege gleich lang sind, also dieselbe Anzahl von Quadraten durchschritten werden muss. Je nach thematischem Fokus kann eine nachfolgende Reflexion der Übung angeleitet werden. Dient die Übung nur als Auflockerung, Kooperationsspiel (nur ein Weg!) oder Bewegungsangebot, so ist keine Reflexion notwendig.

Teilnehmer_innenzahl: 10 – 30, gerade Anzahl.

Materialen: Straßenkreide (Outdoor) oder Malerkrepp oder Seile/ dicke Schnüre.

Achtung auf: Bei dieser Übung muss der/die Übungsleiter_in sehr konzentriert sein, weil einerseits die Richtigkeit des Weges kontrolliert und gleichzeitig auf die Einhaltung der Regeln geachtet werden muss. Wesentlich einfacher ist es, wenn es zwei Übungsanleiter_innen gibt, die jeweils für eine Gruppe zuständig sind. Hierbei ist es besonders wichtig, die Spielregeln streng zu kontrollieren, da sich sonst eine Gruppe benachteiligt fühlen könnte, sollte es der/die Übungsanleiter_in der anderen Gruppe „nicht so genau nehmen".

Ich bin schon einige Male davon überrascht worden wie schnell die Gruppen den richtigen Weg gefunden haben, was dann öfters zu Enttäuschung der Teilnehmer_innen geführt hat, weil sie sich unterfordert fühlten. Also nicht zu einfach machen, je länger der Weg ist, desto mehr potenzielle Fehlerquellen müssen überwunden werden.

Ich gestalte diese Übung am Liebsten als Kooperationsübung, bei der die Gruppenteilung zufällig, also bspw. durch Losung (Süßigkeiten!) erfolgt. Danach bietet sich eine Reflexion in Paaren mit jeweils einer Person aus beiden Gruppen, in Form eines Spazierganges an,

Dauer: je nach Gruppengröße 30 – 90 Minuten.

Ablauf: Den konkreten Namen wählen die Trainer_innen situationsbezogen. Beispiele: „CSI Kunde/in", „CSI Führungsperson", oder „CSI Mitarbeiter_in". Die Trainer_innen bereiten auf einem Bogen Packpapier den Umriss einer Leiche vor und legen diesen in die Mitte des Raumes. Dann wird den Teilnehmer_innen erklärt, dass sie nun forensische Kriminalist_innen sind und gemeinsam die Todesursache ermitteln sollen. Dabei werden alle möglichen und unmöglichen Gründe gesammelt und direkt auf das Papier geschrieben, gezeichnet usw. Nach dieser Gruppenarbeit werden die Lösungsansätze gemeinsam analysiert und die einzelnen Themen besprochen. Am Ende der Übung fassen die Trainer_innen die wichtigsten Punkte und Ergebnisse der Diskussion zusammen.

Teilnehmer_innenzahl: Von Einzel- bis Gruppenarbeit ist alles möglich. Bei größeren Gruppen kann es mehrere „Opfer" geben und die Kleingruppen arbeiten parallel zueinander.

Materialien: Packpapier, Stifte, Postkarten, alle krativitätsfördernden Materialen

Gut einsetzbar: Wenn man sich der Rolle einer Person/Personengruppe und deren Aufgaben bewusst werden möchte. Die Methode eignet sich für Gruppenmitglieder, die sich noch nicht gut kennen und deren zukünftige Aufgaben (noch) nicht klar sind. Sie kann aber jederzeit eingesetzt werden, wenn es Zeit für Kreativität und Kleingruppe ist.

Achten auf: Die Einleitung sollte bereits durch die Trainer_innen möglichst spielerisch sein. Das erleichtert den Teilnehmer_innen den Einstig und fördert die Kreativität. Wichtig sind Leitfragen zur Orientierung. Beispiele: „Was hat die Mitarbeiter_innen überfordert?", „Welche Aufgaben haben zum Tod geführt?", „Was war für die Person zu viel bzw. zu wenig?"

Mit der Methode verbinde ich: Ein spontanes Entwickeln einer neuen Methode gemeinsam mit Maria Pimminger, viel Spaß und noch mehr spannende Erkenntnisse.

Dauer: Je nach gewünschter Kreativität in der Bearbeitung der Fragen: 30 – 50 min Präsentationen und anschließende Diskussion der Ergebnisse

Ablauf: Eine zeitreisende „Forscher_innengruppe" aus der Zukunft (z.B. aus dem Jahr 2132) beforscht das Team/die Organisation aus einer Zukunftsperspektive (das Team im Jahr 2014) auf verschiedene Fragestellungen hin. Durch den doppelten Perspektivenwechsel werden vorschnelle Realitätsprüfungen ausgeschaltet, kreative Darstellungsformen regen zusätzlich zum Phantasieren an. Am besten wird die Anleitung in eine nette Geschichte verpackt, z.B: „Gestern Abend beim Vorbesprechen haben wir 3 Forscher_innenteams kennengelernt. Sie erzählten uns, dass sie im Jahr 2132 Artefakte über ein Team (Organisation,...) gefunden hätten, die darauf schließen ließen, dass dieses das Super-Team seiner Zeit gewesen sein müsste.... Nun seien sie gekommen, um Genaueres über dieses Team herauszufinden und im Anschluss einen Kongress abzuhalten, wo diese Ergebnisse vorgestellt werden sollten..." Jedes Forschungsteam, konzentriert sich auf einen bestimmten Fokus, z.B:

- WAS macht dieses Super-Team es? Aufgaben, Produkte,...
- WIE tut es das? Zusammenarbeit, Rollen,...
- WAS steht dahinter? Philosophie, Werte, Poltik,...

„Für die Präsentationen ist zu bedenken, dass im Jahr XY Flip Chart und Power Point natürlich längst ausgedient haben. Die Entwicklung an kreativen, anschaulichen Präsentationsmethoden war da sehr rasant."

Materialien: Je nach gewünschter Präsentationsform. Kann klassisch mit Plakaten gemacht werden, mit allerlei Bastelmaterial bis hin zu Performances.

Gut einsetzbar: Für das Entwickeln von Visionen, da durch die Abstraktion die sofortige „Machbarkeitsprüfung" ausgeschaltet wird. Oder zur Diagnose, wenn die IST-Situation „beforscht" wird.

Achtung auf: Die Übung sollte überzeugt angeleitet werden, sonst kann die Idee leicht bemüht oder lächerlich wirken.

Mit der Methode verbinde ich: Viel Spaß und erstaunlich kreative und gleichzeitig punktgenaue Erkenntnisse. Die Methode aktiviert, die TN beschäftigen sich auf lustvolle Weise mit sich selbst. Es können gleichzeitig verschiedene Themen/Ebenen bearbeitet werden und so kommt es immer wieder zu erstaunlichen Ergebnissen und macht mehr Spaß als die fünfte FLIP-Präsentation.

Dauer: 10 – 30 Minuten

Ablauf: Ein zu einem Kreis zusammen gebundenes Seil wird auf der Wiese (am Parkplatz oder im Raum) ausgelegt. Die Teilnehmer_innen platzieren sich nun in gleichen Abständen rund um das Seil. Nun nimmt jede/r das Seil in beide Hände. Von nun an darf niemand mehr das Seil los lassen.

Die Aufgabe der Teilnehmer_innen ist es nun, ohne das Seil los zu lassen, einen Seilstern zu knüpfen. D.h. durch geschicktes Platz tauschen soll in der Mitte, im Zentrum des Sterns, ein Seilknäuel entstehen und die Teilnehmer_innen bilden die Spitzen des Sterns. Man kann auch gerne die Sonne als Metapher verwenden, da halten die Teilnehmer_innen dann die Strahlen – was an einem trüben Seminartag durchaus reizvoll sein kann.

Die Aufgabe ist dann geschafft, wenn in der Mitte ein stabiles Netz oder Knäuel entstanden ist, die Teilnehmer_innen alle in etwa gleich weit von diesem Mittelpunkt entfernt sind, und wenn die Gruppe der Meinung ist, dass sie das Ziel erreicht hat. Der/die Trainer_in muss hier nicht die entscheidende Instanz sein.

Nun kann mit dem Seilstern weiter experimentiert werden. Teilnehmer_innen können sich in die Mitte setzen und auch von den anderen tragen lassen. Dabei muss der/die Trainer_in immer die frei werdende Position einnehmen. Ebenso kann ein Gegenstand, z.B. ein größerer Ast, auf dem Seilknoten balanciert werden und von A nach B getragen werden.

Teilnehmer_innenanzahl: 6 – 20+.

Materialien: altes Kletterseil, ca. 50m.

Gut einsetzbar: Abschluss, Teambuilding, Kommunikation, Koordination

Achtung auf: Die wichtigen Variablen sind Seillänge und Teilnehmer_innenzahl. Bei vielen Teilnehmer_innen braucht man auch viel mehr Seil. Bei 20 Teilnehmer_innen sind ca. 60m Seil notwendig.

Mit der Methode verbinde ich: Vielen Vorurteilen zum Trotz ist das Ziel der Outdoorpädagogik nicht zu Überlebenskünstler_innen in der Wildnis zu werden. Nicht die körperliche Herausforderung steht im Mittelpunkt sondern das Erfahren, Erleben, Experimentieren und

Wahrnehmen. Dadurch werden die Ressourcen der Teilnehmer_innen angesprochen, die Kompetenzen erweitert und neue Handlungsspielräume eröffnet, welche auch wieder im Alltag Anwendung finden.

Ich habe diese Übung in meiner Outdoorpädagogik-Ausbildung kennen gelernt. Es war Winter, der Wind hat geblasen, uns war kalt und meine Gruppe stand gefühlte 2 Stunden da und diskutierte theoretische Pläne bis endlich einer seinen Platz zum praktischen ausprobieren verlassen durfte. Ab dann ging es eigentlich recht schnell.

TEAMRADAR

BESCHRIEBEN VON MARIA PIMMINGER

Dauer: Je nach Strecke mindestens 20 Minuten ohne Reflexion

Ablauf: Man macht mit der Gruppe einen kurzen Spaziergang, ohne den Teilnehmer_innen zu sagen, was ihre Aufgabe sein wird. Am Ziel angekommen, bekommen alle die Augen verbunden und werden ein paar Mal im Kreis gedreht. Nun erhalten sie den Auftrag, gemeinsam zum Ausgangspunkt zurück zu gehen.

Es gibt keine Vorgaben, außer dass die die Augen verbunden halten müssen und dass alle ankommen müssen.

Teilnehmer_innenanzahl: Mind. 6

Materialien: Tücher oder anderes um die Augen zu verbinden.

Gut einsetzbar: Diese Methode ist meine Lieblingsmethode um die Gruppenphasen und Gruppenfunktionen erlebbar zu machen und zu reflektieren.

Achtung auf: Der Weg sollte gut gewählt sein, nicht zu einfach, aber nicht gefährlich. Also darauf achten, dass keine Abgründe oder Straßenverkehr in der Nähe sind. Wenn es sein muss, kann die Übung auch Indoor gemacht werden, das macht sie aber meist leichter. Die Dauer kann gut über die Länge der Strecke variiert werden. Diese Übung ist nicht geeignet, wenn kein Körperkontakt gewünscht ist.

Dauer: 30 Minuten fürs Zeichnen, 20 – 30 Minuten Präsentation und Auswertung

Ablauf: Die Teilnehmer_innen in Gruppen eines Filmproduktionsteams teilen, das einen oscarwürdigen Dokumentarfilm dreht: „Sie befinden sich gerade in der Anfangsphase für diese Dokumentation über ein unglaublich erfolgreiches Team (das Team sind Sie alle!). Zum letzten Mal haben Sie dieses Team vor einem Jahr besucht und eine Menge über sie herausgefunden. Seitdem haben Sie gehört, dass das Team von Erfolg zu Erfolg geeilt ist. Die Aufgabe ist nun folgende: Wie lässt sich die Teamarbeit so darstellen, dass wir sie unseren Zuschauern zeigen können?! Versuchen Sie, dass jede/r von Ihnen der Star in einem der Bilder ist."

Dafür sollen die Gruppen ein Storyboard (Bildserie mit Untertiteln) für die Dokumentation erstellen. Alles muss sichtbar oder hörbar sein. Sie benötigen also sehr konkrete Nachweise, die die Erfolge des Teams beispielhaft illustrieren. Aufgabe des Teams ist es, markante Situationen in Bildern festzuhalten und für Dialoge Sprechblasen zu benutzen. Jede/r Teilnehmer_in soll in der Kleingruppe mindestens zwei Situationen beschreiben, so dass am Ende doppelt so viele Bilder vorhanden sind.

Die Darstellungen sollen vermitteln:

- Wer sind diese Menschen, was machen sie und wofür (Werte, Stärken, Tugenden) stehen sie?
- Visualisieren von Schlüsselprozessen. Warum waren gerade diese Situationen wichtig für den Erfolg des Teams?
- Was macht das Team einzigartig? Was kann man wahrscheinlich in anderen Branchen, an anderen Arbeitsplätzen oder in anderen Teams so nicht beobachten?

Das Storyboard dient als Basis für die Dokumentation über dieses hervorragende Team. Es zeigt die besten Eigenschaften in der Zusammenarbeit als Team. Im Anschluss werden die Storyboards gegenseitig präsentiert.

Teilnehmer_innenanzahl: Gruppen zu je 3 – 6 Personen.

Materialien: Papier, Stifte.

Gut einsetzbar: Rückblick auf das letzte Projekt / Jahr. Ausgelaugte oder im Alltagstrott verhaftete Teams motivieren. Ressourcen sammeln.

Achtung auf: Selbst Batman hat Robin und den treuen Alfred. In der Auswertung der Übung lege ich besonderen Wert drauf zu achten wer den/die jeweilige/n Held/in unterstützt hat.

Mit der Methode verbinde ich:
Ich habe die Inspiration zu dieser Methode bei Paul Jackson (*www. thesolutionfocus.com*) gefunden, der sie zur Erarbeitung und Dokumentation der idealen Zukunft einsetzt. Dazu wird das Datum der Dokumentation in die Zukunft verlegt und der Beobachtungszeitraum beginnt heute (Seminartag) und dauert drei Monate, sechs Monate oder ein Jahr in die Zukunft. Ich habe die Methode also insofern modifiziert, dass sie sich für einen Rückblick eignet und auf das fokussiert, was im letzten Jahr sehr gut funktioniert hat.

TABUZIRKEL

BESCHRIEBEN VON CLEMENS MINIBERGER

Dauer: 15 – 20 Minuten

Ablauf: Die Teilnehmer_innen überlegen in einer Einzelarbeit welche Themen in der Gruppe nicht besprochen werden, aber latent vorhanden sind. Jedes Thema wird auf ein Kärtchen geschrieben. Nach der Einzelarbeit sammelt der/die Trainer_in die Kärtchen ein, durchmischt sie und verteilt diese an die Teilnehmer_innen. Diese haben jetzt Zeit, sich Tabus in Ruhe durchzulesen. Nachdem ein Stapel Kärtchen angesehen wurde, wird dieser an die nächste Person solange weitergereicht, bis alle Teilnehmer_innen alle Kärtchen gelesen haben. Die Themen selbst werden nicht besprochen, jedoch wird im Plenum kurz reflektiert, ob es generell Überraschungen oder Übereinstimmungen gab.

Materialien: Kärtchen und Stifte.

Gut einsetzbar: Wenn in der Gruppe Konflikte bestehen, diese aber nicht angesprochen werden. Der Tabuzirkel dient als Einstieg für Konfliktbearbeitung im weiteren Verlauf des Seminars. Die Methode gibt den Teilnehmer_innen die Sicherheit, dass Ihre Themen anonym bekannt werden und bekommen einen Überblick über die Sichtweisen ihrer Kolleg_innen.

Achtung auf: Beim Erklären der Methode darauf hinweisen, dass die Themen an dieser Stelle nicht besprochen werden und niemand wissen wird, wer welche Tabus genannt hat.

Mit der Methode verbinde ich:
Klarheit und mehr Sicherheit, Arbeitsfähigkeit und Motivation für die nächsten Arbeitsschritte.

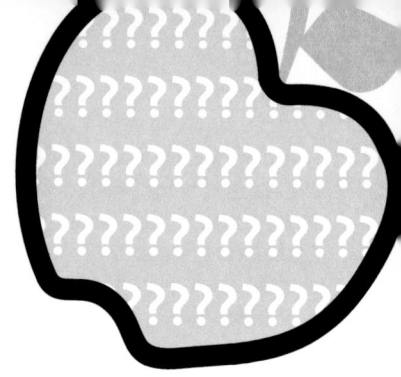

OBSTSALAT

BESCHRIEBEN VON GERDA KOLB

Dauer: mindestens 10 Minuten, beliebig verlängerbar.

Ablauf: Die Teilnehmer_innen sitzen im Sesselkreis und der/die Anleiter_in steht in der Mitte. Beim klassischen Obstsalat werden drei Früchte genannt, denen sich die Gruppe zuordnet. Am Einfachsten ist es durchzuzählen, Apfel-Banane-Kirsche-Apfel-Banane … etc., bis alle Teilnehmer_innen eine Obstsorte sind. Die Person in der Mitte nennt entweder eine Obstsorte, wobei alle entsprecheden Früchte ihren Sitzplatz wechseln müssen, oder sagt „Obstsalat", wonach alle ihen Sitzplatz wechseln müssen. Gleichzeitig versucht der/die Anleiter_in ebenfalls einen Sitzplatz zu bekommen. Die Person, die keinen Sessel ergattert, steht als nächstes in der Mitte und gibt entsprechende Kommandos.

Es gibt mehrere Varianten dieses Spiels, die sich in den Kommandos unterscheiden. Meine Lieblingsvariante ist, dass die Person in der Mitte etwas über sich preisgibt, z.B.: „Ich fahre gerne Fahrrad" oder „Ich kann den Geruch von Extrawurst nicht leiden", und alle, auf die das auch zutrifft, wechseln die Plätze.

Teilnehmer_innenanzahl: 8 – 40.

Materialien: Sessel in der Menge der Teilnehmer_innenzahl minus 1.

Gut einsetzbar, wenn:

- Die Teilnehmer_innen sich noch nicht kennen bzw. sich besser kennen lernen sollen.
- Die Teilnehmer_innen sich durchmischen sollen.
- Die Gruppe müde ist und etwas Bewegung braucht.
- Die einzelnen Teilnehmer_innen sich positionieren sollen.
- Wenn man als Trainer_in herausfinden möchte, worauf die Teilnehmer_innen neugierig sind.
- Zum Auflockern nach einer anstrengenden und statischen Arbeitsphase.

Achtung auf: Es ist vollkommen in Ordnung, als Trainer_in bei dieser Übung mit zu machen, allerdings

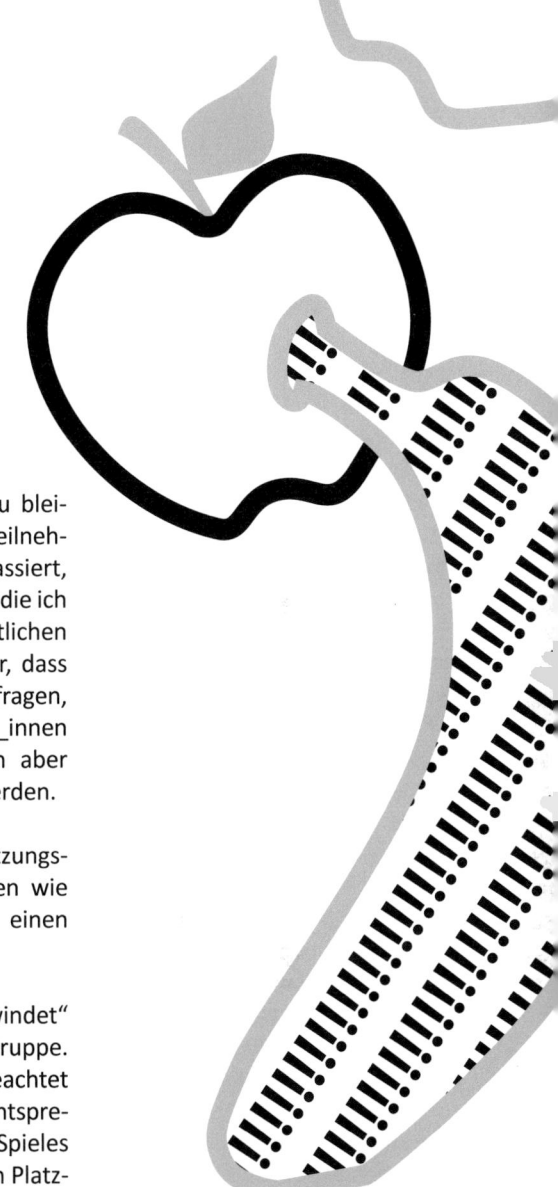

gilt es dabei aufmerksam zu bleiben, welche Fragen die Teilnehmer_innen stellen. Es passiert, dass Dinge genannt werden, die ich als Trainer_in nicht veröffentlichen möchte. Es kommt auch vor, dass Teilnehmer_innen Dinge fragen, die für andere Teilnehmer_innen unangenehm sind. Es kann aber natürlich „geschummelt" werden.

Es gibt ein gewisses Verletzungsrisiko, weil Teilnehmer_innen wie wild los stürmen, um noch einen Sessel zu ergattern.

Bei dieser Übung „verschwindet" man als Trainer_in in der Gruppe. Es muss daher darauf geachtet werden, sich durch eine entsprechende Beendigung des Spieles und durch einen neuerlichen Platzwechsel die Leitungsfunktion wieder in Erinnerung zu rufen.

Mit der Methode verbinde ich:
Sehr lustige und interessante Seminar-Einheiten und einige Überraschungsmomente.

Dauer: je nach Gruppengröße 20 – 40 Minuten.

Anschließend werden einige Lösungsmöglichkeiten visualisiert, die intuitiv gefunden werden. Bei der intuitiven Entscheidung spielt das Fachwissen über das zu lösende Problem eine wesentliche Rolle. Abschließend werden die gewählten Lösungsvarianten gegenübergestellt, analysiert und eine ausgewählt.

Teilnehmer_innenanzahl: Geeignet auch für Einzelpersonen, vor allem aber für die Arbeit in Kleingruppen.

Materialien: Für Kleingruppen ist eine gut nachvollziehbare Visualisierung notwendig, daher rät es sich, mehrere Pinnwände oder Tafeln nutzen zu können.

Achtung auf: Um überschaubar zu bleiben, ist es empfehlenswert, sich auf maximal zehn Parameter sowie maximal zehn Lösungsmöglichkeiten zu beschränken. Das Fachwissen bei den TN über das zu Grunde liegende Problem ist Voraussetzung für die sinnhafte Durchführung der Methode.

Ablauf: Die Übung ist eine Zeitreise, die Gruppe reist als diese Gruppe ein Jahr in die Zukunft und wird von der Seminarleiterin/dem Seminarleiter genau ein Jahr nach Seminarende eingeladen, um jetzt ihn/sie zu beraten. Es gibt nämlich – ein Jahr in der Zukunft - einen ganz ähnlichen Auftrag von einer ganz ähnlichen Gruppe aus der Nachbarstadt. Um von den Erfahrungen der ersten Gruppe zu profitieren, soll die nun der Seminarleiterin/dem Seminarleiter erzählen, was in diesem Jahr alles passiert ist.

Die Seminarleitung bedankt sich bei den Teilnehmer_innen, dass sie sich die Zeit genommen haben, ihn/sie bei diesem neuen Auftrag zu unterstützen. Anschließend stellt er/sie – der Reihe nach – folgende Fragen:

- Wie sieht die Situation heute aus? Beschreiben sie doch bitte ganz konkret die Situation, jetzt nach einem Jahr!
- Wie sind sie denn die Umsetzung der damals gesteckten Ziele angegangen? Was waren ihre ersten Schritte?

- Welche Tipps haben Sie für Ihre KollegInnen aus der Nachbarstadt? Worauf sollten sie achten?

Nach jeder Frage sollte genug Zeit sein, dass alle Teilnehmer_innen (ohne bestimmte Reihenfolge) etwas dazu erzählen und sich gegenseitig ergänzen können. Der Seminarleiter/die Seminarleiterin legt dabei eine möglichst neugierige und aufmunternde Haltung an den Tag. Die Stimmung sollte gelöst und durchaus humorvoll sein, die Teilnehmer_innen können bei dieser Übung munter drauf los fantasieren.

Am Ende der Übung bedankt sich die Seminarleiterin/der Seminarleiter (auch im Namen der Gruppe aus der Nachbarstadt) nochmal für den wertvollen Input und verabschiedet sich von der Gruppe.

Die Zeitreise ist nun beendet. Falls ein neuer Raum verwendet wurde, kann die Gruppe nun zurück in ihren eigentlichen Seminarraum, ansonsten sollten die Teilnehmer_innen den Raum kurz verlassen, das Kalenderblatt wird abgenommen,

die Sessel umgestellt und die Gruppe kommt wieder zurück in die Jetzt-Zeit.

Wichtig ist noch eine offene Abschlussrunde: Wie haben Sie sich bei dieser Übung gefühlt? Was von dem Erzählten könnte für Sie in nächster Zeit von Bedeutung sein? Was wollen Sie sich merken?

Teilnehmer_innenanzahl:
4 – ca. 20.

Gut einsetzbar wenn: Am Ende eines Seminares zur Motivation und Sicherung der erarbeiteten nächsten Schritte, mit der gesamten Seminargruppe.

Achtung auf: Die Übung gelingt umso besser, je mehr sich die Seminarleiterin/der Seminarleiter auch selbst schauspielerisch auf diese Zeitreise einlässt. Ein neuer Raum, ein Kalenderblatt aus der Zukunft (am besten mit dem richtigen Wochentag), eine lebhafte Einleitung, in der die neue Situation wie die alte beschrieben wird,... Es darf durchaus dick aufgetragen werden, die Stimmung ist bei dieser Übung oft durchaus heiter.

„WUNDERFRAGE" IN DER ERWARTUNGSKLÄRUNG

BESCHRIEBEN VON ANDREAS REITER

Dauer: je nach Gruppengröße, ca. 50 Minuten (5 – 7 Minuten Einzelarbeit, 25 Minuten Kleingruppen, 5 Minuten Präsentation pro Kleingruppe, 5 – 10 Minuten Nachfragen und eventuelle Klärung).

Ablauf: Die sogenannte Wunderfrage stammt aus der lösungsorientierten Therapie von Steve de Shazer. In der ursprünglichen Form werden die KlientInnen gebeten, sich vorzustellen, dass über Nacht ein Wunder geschehen sei und alle ihre Probleme gelöst wären. Ausgehend davon wird mit Fragen gearbeitet wie: „Was ist jetzt anders?", „Woran merken Sie, dass Ihre Probleme gelöst sind?"

Ich setze diese Frage gerne ein, um mit Gruppen die Erwartungen für ein Seminar zu klären. Ausgehend von der Annahme: „Stellt euch vor, es ist jetzt ein halbes Jahr seit dem Seminar vergangen und ihr denkt immer noch gerne daran zurück, weil es für euch sehr erfolgreich gelaufen ist und sehr hilfreich war." bitte ich Teilnehmer_innen zuerst einzeln und dann in Kleingruppen folgende Fragen zu beantworten und schließlich im Plenum zu präsentieren: „Welche Themen und Inhalte wurden hier behandelt? Wie wurde hier gearbeitet? Wel-

chen Beitrag haben die Teilnehmer_innen /die Gruppe bzw. die Seminarleitung geleistet?" Sowie die Gegenfrage: „Was ist hier nicht passiert?"

Teilnehmer_innenanzahl: 6 – 30.

Materialien: Flipchart, Karteikarten für Notizen

Gut einsetzbar, wenn: Einerseits führt diese Fragestellung dazu, dass das Seminar mit längerfristigen Zielen verknüpft wird, andererseits wird betont, dass auch die Verantwortung für ein gutes Gelingen bei den Teilnehmenden liegt. Die Gegenfrage ermöglicht es, auch Ängste und Befürchtungen zu artikulieren.

Achtung auf: Manchen Gruppen erscheint die Aufgabe aus der Zukunft die Gegenwart zu betrachten zu komplex, dann ändere ich die Formulierung in „Damit dieses Seminar ein Erfolg wird...?" ab.

Mit der Methode verbinde ich: Oft ist es noch eher unklar, wohin ein Seminar führen soll, dann erwarte ich die Antworten auf die Fragen mit Neugier und Spannung, da sie mir als Grundlage für die weitere Planung dienen.

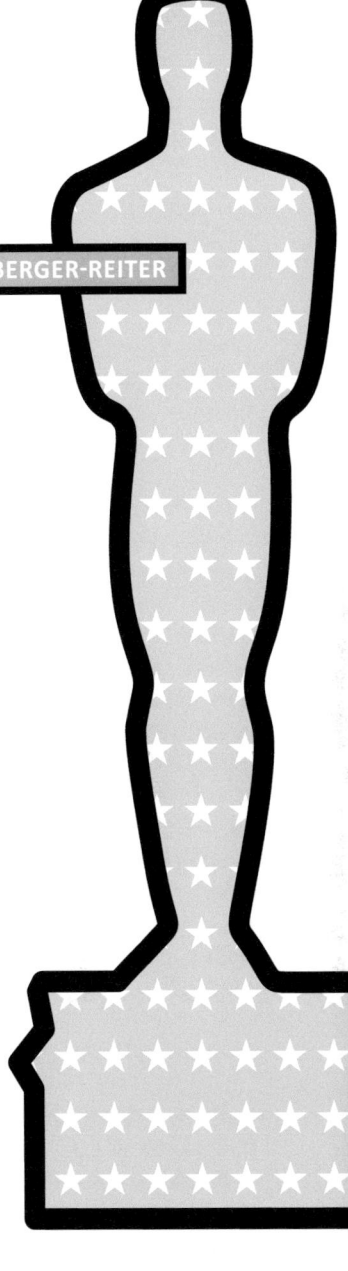

AND THE AWARD GOES TO …

BESCHRIEBEN VON EDDA STRUTZENBERGER-REITER

Dauer: ca. 60 – 90 Minuten.

Ablauf: Die Teilnehmer_innen der Gruppe erfahren, dass sie einen (natürlich fiktiven) Preis in einer bestimmten für sie kennzeichnenden Kategorie gewonnen haben. Diese Kategorie sollte in Zusammenhang mit einem kontroversiellen Thema innerhalb der Teilnehmer_innen, einer schwierigen Situation im Kontext oder beim Spezifikum der jeweiligen Organisation liegen.

Ein Beispiel wäre, wenn eine Firma überlegt, welches Zielpublikum sie wie ansprechen möchte. Dann könnte die Kategorie für den Preis lauten: „Internationaler Preis für das beste Zielgruppenmarketing" – der Fantasie sind hier von Seiten der Trainer_innen keine Grenzen gesetzt. Der Preis kann aber ganz allgemein lauten für die „beste Organisation" oder „NGO in Österreich" etc. Nun sind die Teilnehmer_innen gefordert, in Kleingruppen eine Rede für die Preisverleihung zu schreiben, in der sie begründen, warum gerade sie diesen Preis gewonnen haben. Das Schreiben der Rede kann erleichtert werden, wenn es noch Impulsfragen dazu gibt, wie bspw.:

Welche besonderen Strategien hat die Organisation im Umgang mit dem Zielpublikum? Was macht sie anders als andere? Etc.

Im Plenum werden dann die Reden vorgetragen und Gemeinsamkeiten und Unterschiede in den vorgetragenen Maßnahmen, Strategien, Punkten etc. gesammelt und diskutiert. Die Teilnehmer_innen können sich so kreativ einem vielleicht umstrittenen Thema annähern und für sie wichtige Punkte verbalisieren. Sowohl Gemeinsamkeiten als auch Unterschiede innerhalb der Gruppe können so sichtbar und besprechbar gemacht werden.

Teilnehmer_innenanzahl:
6 – ca. 20.

Materialien: Stifte, Papier.

Gut einsetzbar, wenn:
- Ein kontroversielles Thema bearbeitet werden soll.
- Lösungen für ein Problem gefunden werden sollen.
- Eine gemeinsame Vision/Leitbild erarbeitet werden soll.
- Ein Einstieg für eine Diskussion stattfinden soll.

Achtung auf: Ursprünglich kommt die Methode aus der Leitbildentwicklung und ermöglicht es, eine gemeinsame Vision über eine Organisation zu erarbeiten. Sie kann aber auch angewandt werden, um sich aus einer anderen/zukünftigen Perspektive einem Problem zu widmen. Das Thema, das behandelt wird, sollte nicht zu kontroversiell sein. Eine kreative Einführung und Titelfindung hilft, auch die Kreativität der Teilnehmer_innen zu fördern. Es kann für eine Gruppe schwierig sein, Unterschiede zu verbalisieren – hier sind die Moderationsfähigkeiten der Trainer_innen gefragt.

Mit der Methode verbinde ich:
Das Entdecken einiger überraschender schauspielerischen Talente, viel kreatives Potenzial und das Zusammenkommen von Spaß und Ernsthaftigkeit.

Dauer: Die Durchführung des Morphologischen Kastens kann recht zeitintensiv sein. Je nachdem, ob die Problemstellung bereits im Vorfeld konkretisiert wurde, kann die Durchführung abhängig von der TN-Anzahl zwischen 60 und 120 Minuten dauern.

Ablauf: Der Morphologische Kasten, ursprünglich entwickelt vom Astrophysiker Fritz Zwicky, ist eine Kreativitätstechnik, um innovative und überraschende Problemlösungsansätze zu finden. Zunächst wird das Problem in seine Bestandteile zerlegt, um in Folge möglichst viele Kombinationen und Variationen von potentiellen Lösungen zu entwickeln und zu untersuchen.

Am Anfang steht die Konkretisierung des Problems. Ist es klar definiert und in einem Satz ausformuliert, dann ran an Papier, Whiteboard oder Flipchart – und los geht es.

Mit Hilfe einer Tabelle werden zunächst Parameter gesammelt, die für die Problemlösung hilfreich sein könnten und in die erste Spalte eingetragen. Im Weiteren werden mit einem Brainstorming sogenannte Ausprägungen der Parameter gesammelt und in die Zeilen eingetragen.

Was wolen wir zur Verbesserung der Teamarbeit machen?

Ort	See	Wald	Büro	Stadt	Meer
Dauer	30 Min.	halber Tag	3 Tage	1 Tag	Woche
Zeitraum	Sommer	Advent	Vormittags	Frühling	Abends
Aktivitäten	gem. Essen	Klausur	Weiterbildung	Teamausflug	Intervision
Personen	Alle	Konflikt-partner_innen	Leitung	Expert_innen	
Häufigkeit	Einmal	Wöchentlich	Monatlich	Jährlich	Quartal
Thema	Freizeit	Projekt	Konfliktlösung	Ideen-sammlung	Kommunikation i. Team

Dauer: pro Runde ca. 10 Minuten.

Ablauf: Quirks steht hier einerseits für den englischen Begriff für Ticks und Spleens, die Menschen in Gesprächssituationen oftmals unbewusst einsetzen, zum anderen für den wienerischen Ausdruck für schwer lösbares Problem, Durcheinander und Unverständnis das sich dadurch entwickeln kann. Der Quirks-Dialogue ist eine Kommunikationsübung, um verbale und nonverbale Gesprächsblocker bewusster wahrzunehmen und auch die eigenen Kommunikationsspleens zu hinterfragen.

Es werden Gesprächspaare gebildet, die den übergeordneten Auftrag haben, einen Dialog zu führen. Weitere Anweisungen zum Gesprächsverhalten (Quirks) werden geheim über das Ziehen von vorbereiteten Kärtchen entgegengenommen. Solche Anweisungen können sein:

- Sie schauen Ihrem Gegenüber immer bzw. nie in die Augen!
- Sie reden unangemessen laut/leise!
- Sie sind extrem unaufmerksam/aufmerksam!
- Sie finden alles großartig/blöd was Ihr Gegenüber sagt!
- Sie kommen immer wieder auf Ihr Thema zurück, egal was Ihre Partner_in sagt.
- Sie nicken immer, wenn Ihr Gegenüber redet.
- Sie machen immer ein „Pokerface", wenn Ihr Gegenüber redet.
- etc.

Nach jeder Runde tauschen sich die „Dialog"partner_innen aus:
- Wie hat sich die Anweisung auf mich ausgewirkt?
- Wie hat sich der „Quirk" auf mein Gegenüber ausgewirkt? Und wie auf das Thema?

Kurze Bewertung des Quirk, dann bilden sich neue Paare.

Teilnehmer_innenanzahl: Klein- und Großgruppen mit gerader TN-Anzahl.

Materialien: Kärtchen mit vorbereiteten oder im Vorfeld gemeinsam mit den TN gesammelten Geheimanweisungen.

Achtung auf: Die persönlichen Distanzgrenzen der TN bei Geheimanweisungen wie z.B.: Sie suchen ständig Körperkontakt. Die Anweisungen sollten in der ersten Runde nicht den realen Verhaltensmustern der TN entsprechen.

TEIL V.

WORDRAP

Gerda Kolb

Methoden sind ein gutes Werkzeug, wenn man weiß wie sie funktionieren.

Prozessorientierung mag ich gerne.

Ressourcen gibt es meist genug, oft sind sie aber zu wenig greif- und sichtbar.

Diversität ist gelebte Vielfalt und braucht Reflexion, um für alle gut nutzbar zu sein.

Authentizität ist für mich die Basis, um eine gute Trainer_in sein zu können.

Gruppendynamik ist so spannend!

Lösungen gibt es viele.

Zusammenarbeit im Team funktioniert am Besten, wenn Erwartungen und Grenzen klar sind.

Komplexität kann mit Hilfe von Reflexion und entsprechenden Methoden vereinfacht werden.

Fragen sind das Wichtigste überhaupt!

Barbara Korb

Methoden sind lediglich Werkzeuge. Der richtige Einsatz zur richtigen Zeit ermöglicht die **Ressourcen** aus dem gemeinsamen **Prozess** zu erkennen und zu nutzen.

Erst durch das er- und anerkennen der eigenen **Diversität** und dem Umgang mit Unbekanntem lässt sich **Authentizität** entwickeln.

Lösungen gemeinsam erarbeiten unterstützt nicht nur die Wahrnehmung der **Gruppendynamik**, sondern stellt auch einen Weg dar, **Komplexität** auf der Sach- und Beziehungsebene zu reduzieren.

Die richtigen **Fragen** zu stellen, ist oft genauso wichtig, wie Fragen beantworten zu können.

Clemens Miniberger

Methoden sind das A und O eines guten Seminars. Sie fördern die Kreativität und Motivation. Mir ist wichtig, je nach Gruppe die passenden Methoden im richtigen Ausmaß zu verwenden. Auf jeden Fall sollen sie zum richtigen Zeitpunkt eingesetzt werden. Denn eine gute Methode zum falschen Zeitpunkt ist eine schlechte.

Prozessorientierung ist daher der leitende Faden, um flexibel auf die Bedürfnisse der Gruppe und der Teilnehmer_innen eingehen zu können. Störungen gehen vor, da sie sich ansonsten Vorrang nehmen. Sie sind Teil der

Gruppendynamik, die nicht aufhört spannend zu werden. Jede und jeder ist dabei involviert. Daher tragen die Teilnehmer_innen mit ihrem Wissen und ihren Erfahrungen wichtige

Ressourcen bei und ich stelle mich selbst gerne zur Verfügung. Es darf auch mal ein theoretischer Input sein.

Fragen können und sollen jederzeit gestellt werden, auch wenn es nicht immer gleich eine Antwort gibt. Oft können mehrere Lösungen gefunden werden. Wie kann man zu diesen gelangen? Siehe die anderen Punkte.

Maria Pimminger

Methoden sind unser Werkzeug. Und Werkzeuge sind immer genau so gut, wie die/der Handwerker_in, die/der sie einsetzt.

Ressourcen sind immer da. Oft sind sie einfach gut versteckt.

Diversität ist immer und überall.

Authentizität ermöglicht Wohlfühlen und Vertrauen.

Gruppendynamik macht das Leben spannend.

Lösungen gibt es immer mehrere. Das Schöne ist, dass man selbst entscheiden darf, welche die beste für eine/n ist.

Zusammenarbeit macht meine Arbeit noch fruchtbarer.

Fragen holen die Lösung ans Licht.

Andreas Reiter

Methoden sind immer nur Mittel, niemals Zweck.

Prozessorientierung ist für mich selbstverständlich.

Ein wertschätzender Umgang mit den mitgebrachten **Ressourcen** ist für mich der Ausgangspunkt einer produktiven Beratungsbeziehung.

Am Thema **Diversität** zu arbeiten, bedeutet für mich immer auch die Auseinandersetzung mit den eigenen Werten und Haltungen.

Authentizität ist ein Mythos, da wir ständig unterschiedliche Rollen einnehmen. Oder anders gesagt, souverän eine Rolle spielen nennen wir **authentisch**.

Gruppendynamik erlebbar zu machen, bildet für mich die Grundlage des sozialen Lernens.

Ich sehe meine Aufgabe darin, bei der Suche nach **Lösungen** zu unterstützen.

Zusammenarbeit empfinde ich als Luxus, den ich sehr zu schätzen weiß.

Durch Struktur wird **Komplexität** bearbeitbar.

Gute **Fragen** zu stellen ist mir wichtiger als gute Antworten zu geben.

Peter Steinberger

Methoden helfen, den Prozess in Gang zu bringen und sollen Arbeitsschritte erleichtern.

Prozessorientierung – was ist die Alternative?

Ressourcen stärken ist für mich der goldene Weg zu sehr guten Resultaten.

Diversität tut immer gut.

Authentizität ist selbstverständlich.

Gruppendynamik gilt es zu beachten und zu utilisieren.

Lösungsfokussierung beschreibt meine Arbeitsweise.

Komplexität ist nicht böse und dank Methoden oft leicht zu reduzieren.

Fragen die mit Wie und Was und nicht mit Warum beginnen mag ich besonders gerne

Edda Strutzenberger-Reiter

Methoden sind das Mittel zum Zweck und nicht das Ziel und sollten daher gut überlegt eingesetzt werden.

Prozessorientierung hilft, auf die wichtigen und brennenden Themen im Team/in der Gruppe einzugehen und die dadurch freigesetzten Ressourcen zu nutzen.

Ressourcen werden oft verschwendet und übersehen, sie sichtbar zu machen helfen → Methoden.

Diversität verleiht dem Arbeiten mit Menschen, mit Gruppen und Teams ihren Reiz und fordert zum Nachfragen und –denken heraus.

Authentizität ist für mich selbstverständlich, weil ich gar nicht anders kann.

Gruppendynamik ermöglicht, dass Arbeiten mit Gruppen nie dasselbe und selten das gleiche ist.

Lösung gibt es meist nicht nur eine, aber sich auf die Spur danach zu machen, verstehe ich als Ziel meiner Tätigkeit.

Zusammenarbeit mit anderen Trainer_innen und mit Gruppen macht einfach Spaß und ist für mich lehrreich und bereichernd.

Komplexität fordert und fördert lustvolles Denken.

Fragen zu stellen ist ein Grundrecht des Menschen.

Markus Zachbauer

Methoden sind kein Kochrezept.

Prozessorientierung schützt vor Sackgassen.

Ressourcen sind Werkzeuge.

Diversität ist Werkzeug.

Authentizität ist Werkzeug.

Gruppendynamik braucht Zeit.

Lösung ist immer auch Abschied.

Zusammenarbeit ist Königsklasse.

Komplexität ist BrainFood.

Fragen sind Werkzeuge.

Irene Zavarsky

Methoden sind an sich nur Wasser. Es kommt drauf an, wie sie gewürzt werden...

Prozessorientierung: Manchmal ein Irrgarten, manchmal eine Autobahn.

Ressourcen müssen erkannt werden, damit sie weiterhelfen können!

Diversität: Ja eh.

Authentizität: Ja, auch.

Gruppendynamik hängt direkt zusammen mit der Komplexität des Teppichmusters.

Lösung: Am Jour Fix gibt es immer 9. Mindestens.

Zusammenarbeit spart manchmal Zeit, manchmal kostet sie Zeit. Unterm Strich wars meistens lustiger gemeinsam.

Komplexität macht einen Teppich erst so richtig schön.

Fragen: Wichtig ist nicht alles zu wissen, wichtig ist zu wissen, wo ich nachschauen kann.

BEN-SHAHAR, Tal: Glücklicher. Riemann, München 2007.

COHN, Ruth C.: Von der Psychoanalyse zur themenzentrierten Interaktion. Klett-Cotta, Stuttgart 2013.

DE SHAZER, Steve: Wege der erfolgreichen Kurztherapie. Klett-Cotta, Stuttgart 1999.

DIEROLT, Kirsten: Lösungsfokussiertes Teamcoaching. Solutions Academy Verlag, Norderstedt 2013.

FISCHER, Dietlind: Interreligiöses Lernen und Schulkultur. Zum Umgang mit religiöser Pluralität in der Schule. In: Praktische Theologie. Zeitschrift für Praxis in Kirche, Gesellschaft und Kultur (3/2007), 167–173.

FURMAN, Ben/ AHOLA, Tapani: Es ist nie zu spät, erfolgreich zu sein. Ein lösungsfokussiertes Programm für Coaching von Organisationen, Teams und Einzelpersonen. Carl-Auer, Heidelberg 2010.

GEISSLER, Karlheinz A.: Anfangssituationen. Beltz Verlag, Weinheim und Basel 2005.

GROSSMANN, Ralph/ PELLERT, Ada/ GOTWALD, Viktor: Krankenhaus, Schule, Universität: Charakteristika und Optimierungspotentiale. In: GROSSMANN, Ralph (Hg.): Besser, billiger, mehr: Zur Reform der Expertenorganisationen Krankenhaus, Schule, Universität. Springer, Wien 1997, 24–35.

JÄGGLE, Martin: Religiöse Pluralität als Herausforderung für Schulentwicklung. In: JÄGGLE, Martin/ KROBATH, Thomas/SCHELANDER, Robert: lebens.werte.schule. Religiöse Dimensionen in Schulkultur und Schulentwicklung. Lit Verlag, Berlin/ Wien 2009, 265–280

JOHNSTONE, Keith: Improvisation und Theater. Alexander Verlag, Berlin 2010.

JOHNSTONE, Keith: Theaterspiele. Alexander Verlag, Berlin 2011.

KLAUS, Konrad/TRAUB, Silke: Kooperatives Lernen: Theorie und Praxis in Schule, Hochschule und Erwachsenenbildung. Schneider-Verlag, Hohengehren 2010.

KRAINZ-DÜRR, Marlies: Wie kommt Lernen in die Schule? Kritische Erfolgsfaktoren aus der Sicht der Schulentwicklungsforschung. In: BEUCKE-GALM, Mechthild/FATZER, Gerhard/RUTRECHT, Rosemarie (Hg.): Schulentwicklung als Organisationsentwicklung. EHP Verlag, Köln 1999, 423–444.

LYUBOMIRSKY, Sonja: Glücklich sein: Warum Sie es in der Hand haben, zufrieden zu leben. Campus, Frankfurt 2008.

PIMMINGER, Maria: Über die Implementierung von Organisationsberatung an einer österreichischen Universität. Chancen und Schwierigkeiten. Univ. Masterthesis, Wien 2010.

PIMMINGER, Maria: Lernen in der Organisationsentwicklung. Über den Beitrag der Pädagogik zum Wandel in Organisationen. Univ. Dipl.-Arb., Wien 2005.

PRENGEL, Annedore: Pädagogik der Vielfalt. Verschiedenheit und Gleichberechtigung in Interkultureller, Feministischer und Integrativer Pädagogik. VS Verlag für Sozialwissenschaften, Wiesbaden 2006.

ROLFF, Hans-Günter: Studien zu einer Theorie der Schulentwicklung. Beltz, Weinheim/Basel 2007.

ROLFF, Hans-Günter: Schulentwicklung als Trias von Organisations-, Unterrichts- und Personalentwicklung. In: BOHL, Thorsten/HELSPER, Werner/HOLTAPPELS, Hans-Günter/ SCHELLE, Carla (Hg.): Handbuch Schulentwicklung. Klinkhardt UTB, Bad Heilbrunn 2010, 29–36.

Schlippe, Arist von/Schweitzer, Jochen: Lehrbuch der Systemischen Therapie und Beratung I. Vandenhoeck & Ruprecht, Göttingen 2013.

SCHMITT, Tom/ESSER, Michael: Status Spiele. Fischer Verlag, Frankfurt am Main 2012.

SCHWENDEMANN, Wilhelm: Religiöser Lernort Schule? Ein Statement, in: Praktische Theologie (39/2004), Heft 2, 122–128.

SELIGMAN, Martin E. P.: Der Glücks-Faktor. Bastei-Lübbe, Bergisch Gladbach 2009.

SIEBERT, Horst: Methoden der Bildungsarbeit. Bertelsmann, Bielefeld 2004.

SPITZER, Manfred/HERSCHKOWITZ, Norbert: Wie Erwachsene denken & lernen (Hörbuch). Galila Verlag, Etsdorf am Kamp 2011.

STRUTZENBERGER, Edda: „Dass Religion auch hier mitspielt…" Zur Bedeutung von Religion in der Schulentwicklung. Univ. Diss, Wien 2012.

ULLMANN, René: Organisationsentwicklung für den besonderen Organisationstyp „Schule" – Erfahrungen und Überlegungen eines Organisationsberaters. In: Was können Schulen für die Entwicklung leisten?, Bericht über ein OECD/CRI Seminar, Wien 1994, 117–137.

VOPEL, Klaus W.: Praxis der positiven Psychologie. Iskopress, Salzhausen 2009.

WEICK, Karl E.: Educational Organizations as Loosely Coupled Systems. In: Administrative Science Quarterly (2/1970), 1–19.

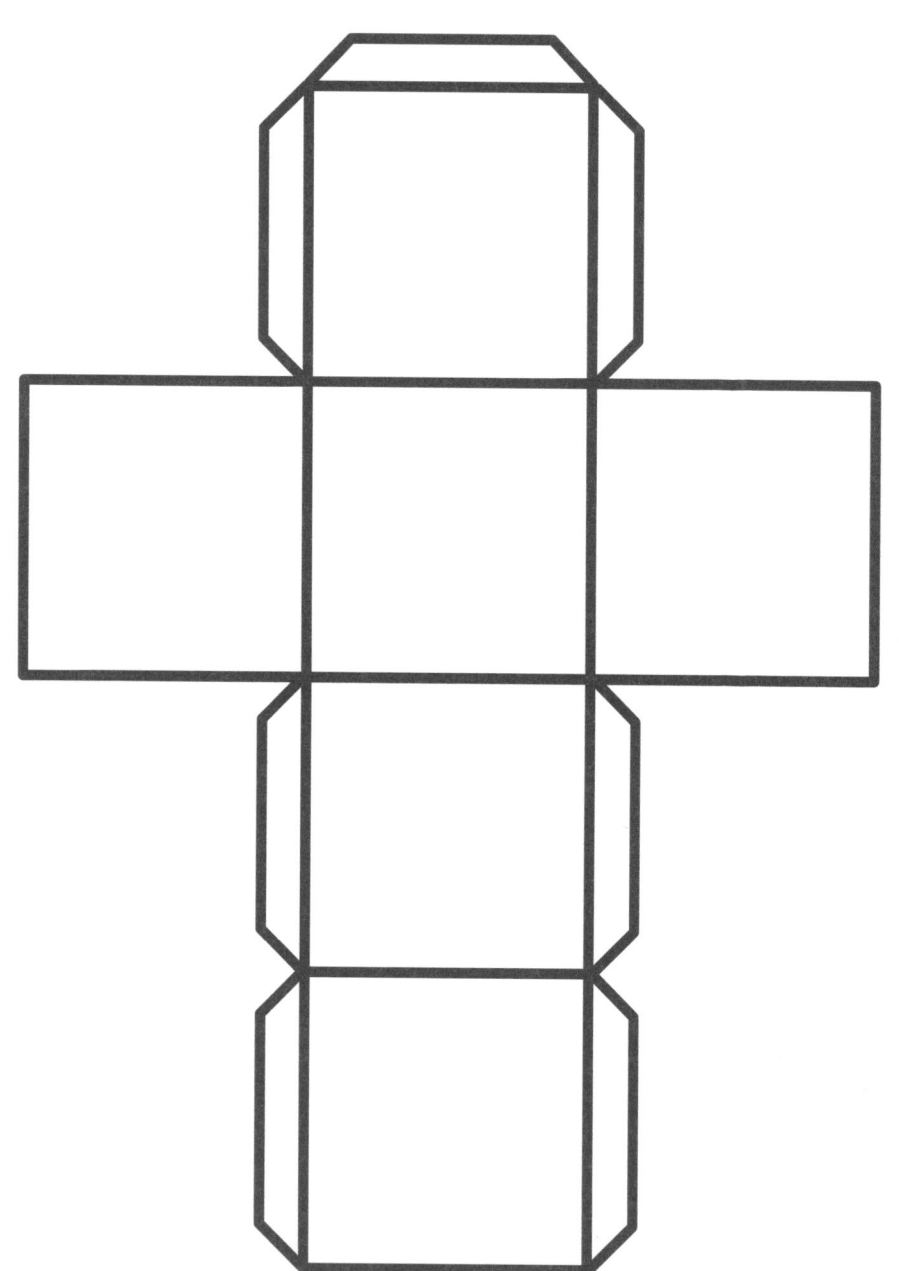